Dual Forces:
Die Senna-Prost-Rivalität
in der Formel 1

bis

Etienne Psaila

Dual Forces: Die Senna-Prost-Rivalität in der Formel 1

Copyright © 2024 von Etienne Psaila. Alle Rechte vorbehalten.

Erstausgabe: **April 2024**

Kein Teil dieser Veröffentlichung darf ohne vorherige schriftliche Genehmigung des Herausgebers in irgendeiner Form oder mit irgendwelchen Mitteln, einschließlich Fotokopieren, Aufzeichnen oder anderen elektronischen oder mechanischen Methoden, reproduziert, verbreitet oder übertragen werden, außer im Falle von kurzen Zitaten, die in kritischen Rezensionen enthalten sind, und bestimmten anderen nicht-kommerziellen Nutzungen, die nach dem Urheberrecht zulässig sind.

Dieses Buch ist Teil der Reihe "Automotive and Motorcycle Books" und jeder Band der Reihe wurde mit Respekt für die besprochenen Automobil- und Motorradmarken erstellt, wobei Markennamen und verwandte Materialien nach den Prinzipien der fairen Verwendung für Bildungszwecke verwendet werden. Ziel ist es, zu feiern und zu informieren und den Lesern eine tiefere Wertschätzung für die technischen Wunderwerke und die historische Bedeutung dieser ikonischen Marken zu vermitteln.

Webseite: **www.etiennepsaila.com**
Kontakt: **etipsaila@gmail.com**

Inhaltsverzeichnis

Einführung: Titans of the Track.

Kapitel 1: Aufstrebende Sterne

Kapitel 2: Eine Konvergenz der Talente

Kapitel 3: Teamkollegen und Spannungen

Kapitel 4: Der Kampf verschärft sich

Kapitel 5: Der Haltepunkt

Kapitel 6: Eine Rivalität auf ihrem Höhepunkt

Kapitel 7: Die letzte Runde

Kapitel 8: Vermächtnis der Legenden

Kapitel 9: Jenseits der Strecke

Kapitel 10: Reflexionen und Erinnerungen

Fazit: Echos der Rivalität

Einführung: Titanen der Rennstrecke

In den Annalen des Motorsports haben nur wenige Rivalitäten die Fantasie von Fans und Experten gleichermaßen beflügelt wie die zwischen Ayrton Senna und Alain Prost. Ihre Kämpfe auf den Formel-1-Strecken in den späten 1980er und frühen 1990er Jahren verkörperten nicht nur den Höhepunkt des Rennsports, sondern auch eine komplexe Geschichte intensiver persönlicher und beruflicher Rivalitäten. Dieses Buch zielt darauf ab, in das Herz dieser geschichtsträchtigen Rivalität einzutauchen und die psychologischen, technischen und emotionalen Schichten zu erkunden, die zwei der größten Fahrer in der Geschichte der Formel 1 ausmachten.

Die Protagonisten

Ayrton Senna, ein brasilianischer Virtuose, dessen Fahrstil eine fast mystische Mischung aus Geschwindigkeit und Präzision kombinierte, brachte eine leidenschaftliche Intensität in den Sport. Seine Herangehensweise an den Rennsport war poetisch, sein Glaube an seine Fähigkeiten absolut. "Ich bin nicht dafür gemacht, Zweiter oder

Dritter zu werden. Ich bin darauf ausgelegt, zu gewinnen", verkündete Senna einmal und spiegelte damit seinen unermüdlichen Antrieb und seine philosophische Einstellung zum Wettbewerb wider.

Alain Prost, der wegen seiner intellektuellen Herangehensweise an die Formel 1 liebevoll "Der Professor" genannt wird, war der perfekte Kontrapunkt zu Sennas feurigem Auftreten. Prosts akribische und methodische Strategien auf der Strecke unterstrichen sein tiefes Verständnis für die Renndynamik. "Ein Auto ist wie eine Kreatur. Du befehligst es nicht; man verhandelt mit ihm", bemerkte Prost und fasste damit seine nuancierte Beziehung zu seinen Maschinen zusammen.

Das Herz der Rivalität

Diese Rivalität entstand nicht aus dem bloßen Wettbewerb um Meisterschaften, sondern war ein grundlegender Zusammenprall von Philosophien und Persönlichkeiten. Jeder Grand Prix, bei dem sie sich gegenüberstanden, wurde zu einem Schachspiel mit hoher Geschwindigkeit, bei dem jeder Zug entscheidend war und jede Entscheidung das Spiel verändern konnte. Ihre Rivalität wurde durch das technologische Wettrüsten in der Formel 1 in dieser Zeit verschärft, bei dem Turbomotoren und eine ausgeklügelte Aerodynamik die Autos - und ihre Fahrer - an die Grenzen der körperlichen Belastbarkeit und darüber hinaus brachten.

Die Bühne ist bereitet

Die Bühne für diese legendäre Rivalität wurde vor der glamourösen Kulisse der berühmtesten Rennstrecken der Welt geschaffen - von den sonnenverwöhnten Aussichten Monacos bis zu den Hochgeschwindigkeits-Schikanen von Suzuka. Jedes Rennen fügte ihrer sich entwickelnden Geschichte ein Kapitel hinzu, in dem sich beide Fahrer gegenseitig zu Höchstleistungen anspornten. Es stand immer viel auf dem Spiel, die Fehlermargen hauchdünn und die Folgen dramatisch.

Das Vermächtnis

Die Rivalität zwischen Senna und Prost ging über den Sport hinaus und beeinflusste nicht nur die Art und Weise, wie Rennen ausgetragen wurden, sondern auch, wie sie von der breiten Öffentlichkeit wahrgenommen wurden. "Wir waren wie zwei Krieger aus einer anderen Zeit, die sich gegenseitig herausforderten und voneinander lernten", sagte

Senna über ihre Zeit als Teamkollegen und Rivalen. Ihr Duell prägte das Reglement, die Technologie und die Sicherheitsstandards in der Formel 1 und hinterließ ein Vermächtnis, das den Sport bis heute beeinflusst.

Während wir uns auf diese Reise durch die hochoktanige Welt der Formel 1 während der Ära von Senna und Prost begeben, erkunden wir nicht nur die äußeren Kämpfe, die auf dem Asphalt ausgetragen wurden, sondern auch die internen Kämpfe, die Siege, die Niederlagen und den Kampfgeist, der diese beiden Champions zu Legenden machte.

Willkommen in der Geschichte von Ayrton Senna und Alain Prost – eine Geschichte über Rivalität, Respekt und Rennen am Rande des Möglichen.

Kapitel 1: Aufstrebende Sterne

Die Welt der Formel 1 ist ein Schmelztiegel, in dem der Mut von Mensch und Maschine in der intensiven Hitze des Wettbewerbs auf die Probe gestellt wird. Ende des 20. Jahrhunderts tauchten zwei Fahrer auf, deren Rivalität eine ganze Generation im Motorsport prägen sollte: Ayrton Senna aus Brasilien und Alain Prost aus Frankreich. Beide waren erstaunliche Talente, aber ihre Wege an die Spitze des F1-Rennsports waren so gegensätzlich wie ihr Fahrstil.

Ein Wunderkind aus São Paulo

Ayrton Senna da Silva wurde 1960 in die wohlhabende Umarmung einer brasilianischen Familie geboren, unter dem pulsierenden Himmel von São Paulo, einer Stadt, die vor Energie und Ehrgeiz pulsiert. Senna war von Anfang an nicht nur ein weiteres Kind; Er war ein Junge mit einer Vision, geprägt von einem einzigartigen Fokus und einem intensiven Wettbewerbsgeist, der ihn von seinen Altersgenossen abzuheben schien.

Sennas Reise in die Welt des Rennsports begann mit einem harmlosen Geschenk seines Vaters – einem

Go-Kart – im zarten Alter von vier Jahren. Das war für den jungen Ayrton kein bloßes Spielzeug; es war der Samen, aus dem seine Zukunft schnell wachsen würde. Die Kartbahnen wurden schnell zu seiner zweiten Heimat, wo er unzählige Stunden damit verbrachte, jede Kurve, jede Nuance der Maschine unter ihm zu meistern. Im Alter von zehn Jahren nahm er nicht nur an lokalen Kartrennen teil; Er dominierte sie, seine rohe Geschwindigkeit und sein furchtloser Fahrstil wurden zum Stoff für lokale Legenden.

"Ich habe bereits über Rennen nachgedacht. es lag mir im Blut", sagte Senna später in einem Interview, wobei seine Worte von der Nostalgie dieser frühen Tage auf der Strecke geprägt waren. Seine Kindheit war geprägt vom Dröhnen der Motoren und dem Quietschen der Reifen, eine Symphonie, die seine Träume vom Rennruhm befeuerte.

Als er vom Jungen in die Pubertät überging, wurden seine Ambitionen nur noch heftiger. Seine Familie, die die Tiefe seiner Leidenschaft und seines Talents erkannte, unterstützte seine Reise, obwohl sie sich der Gefahren bewusst war, die mit einer solchen Hochgeschwindigkeitsjagd verbunden waren. Sennas Entschlossenheit war jedoch unerschütterlich, angetrieben von einem inneren

Feuer, das keine noch so große Vorsicht dämpfen konnte.

Als Teenager war Senna zu einer prominenten Figur in der Kartszene geworden, nicht nur in Brasilien, sondern international. Sein aggressiver Stil auf der Strecke und seine Fähigkeit, jedes Quäntchen Geschwindigkeit aus seinem Kart herauszuholen, hoben ihn von seinen Konkurrenten ab. Er war mehr als nur schnell; Er war innovativ, optimierte ständig sein Kart und probierte neue Techniken aus, um Millisekunden von seinen Rundenzeiten zu sparen.

1981, im Alter von 21 Jahren, machte Senna einen mutigen Schritt, der seine Karriere prägen sollte. Er zog nach Europa, dem Epizentrum des Motorsports, um in der Formel Ford 1600 anzutreten – ein entscheidender Schritt nach dem Kartsport. Dieser Übergang war sowohl eine Herausforderung als auch eine Erklärung seiner Absichten: Er war nicht da, um zu konkurrieren; Er war da, um zu gewinnen.

Seine Debütsaison in Europa war einfach spektakulär. Sennas Anpassung an die Formel Ford verlief nahtlos, als wären er und das Auto perfekt aufeinander abgestimmt. Sein Ruf für sein überragendes Können bei nassen Bedingungen wurde weithin bekannt, nachdem er während eines besonders regnerischen Rennens in England eine Meisterklasse in Kontrolle und Geschwindigkeit ablieferte. Beobachter und Rennfahrerkollegen waren gleichermaßen beeindruckt von dem jungen Brasilianer, der im Regen genauso wild fahren konnte wie die meisten auf trockener Strecke.

Der Gewinn der Formel-Ford-1600-Meisterschaft in seinem ersten Jahr war ein Beweis für Sennas fahrerisches Können und sein unermüdliches Streben nach Sieg. Es machte ihn zu einem aufstrebenden Stern im Motorsport-Universum, ein Talent, das man nicht ignorieren konnte. Mit jedem Rennen, mit jedem Sieg baute Senna nicht nur eine Karriere auf; Er schuf ein Vermächtnis aus Geschwindigkeit, Entschlossenheit und purem Renninstinkt, das ihn bald in die höchsten Ränge der Formel 1 katapultieren sollte.

Der berechnende Maestro von Lorette

Alain Prosts Reise in die Welt des Rennsports begann in der malerischen, malerischen Umgebung von Lorette, in der Nähe von Saint-Chamond in Frankreich. Der 1955 geborene Prost wuchs fernab der glamourösen Welt des Motorsports auf, in einem Milieu, in dem der Rennsport eher ein fernes Spektakel als ein potenzieller Karriereweg war. Sein

Ausflug in die Welt der Geschwindigkeit wurde nicht durch familiäres Erbe oder vorherbestimmtes Schicksal angetrieben; vielmehr war es das Ergebnis seiner eigenen Entschlossenheit und einer wachsenden Faszination für die Mechanik und den Nervenkitzel des Rennsports.

Im Gegensatz zu seinem zukünftigen Rivalen Ayrton Senna hatte Prost nicht den Vorteil, früh mit den Rennstrecken in Berührung zu kommen oder das Mentoring zu haben, das oft mit einer Familie einhergeht, die in den Sport eingebettet ist. Stattdessen begann er seine Rennkarriere relativ spät – im Alter von 14 Jahren – auf den örtlichen Kartbahnen. Diese Verzögerung schreckte ihn nicht ab; Wenn überhaupt, dann beflügelte es seine Entschlossenheit, die Feinheiten des Rennsports zu meistern.

Prosts Herangehensweise an das Fahren unterschied sich grundlegend von dem feurigen, aggressiven Stil, der bei vielen seiner Zeitgenossen, einschließlich Senna, zu sehen war. Schon in diesen frühen Tagen war Prost methodisch, nachdenklich und konzentrierte sich intensiv darauf, jede Nuance der Maschine zu verstehen, die er fuhr. Er fuhr nicht nur gegen seine Konkurrenten; Er lief auch gegen seine eigenen Grenzen, lernte ständig dazu und passte sich an. Diese strategische Herangehensweise an den Rennsport brachte ihm den Spitznamen "The Professor" ein, ein Spitzname, der seine zerebrale Methode widerspiegelte, jedes Rennen und jeden Gegner, dem er gegenüberstand, zu sezieren.

Während Prost durch die Ränge aufstieg, war sein Karriereweg durch die europäischen Rennformeln von einem stetigen und bewussten Aufstieg geprägt. 1976 war sein aufkeimendes Talent unverkennbar, als er die französische Formel-Renault-Meisterschaft gewann. Sein Sieg war nicht nur das Ergebnis seiner Geschwindigkeit, sondern auch ein Beweis für seine Präzision und Konstanz – Eigenschaften, die zu den Markenzeichen seines Fahrstils werden sollten.

Mit dem Schwung auf seiner Seite stieg Prost schnell in die Formel 3 auf. Auch hier beeindruckte er weiterhin, indem er sein angeborenes Verständnis für Rennkunst mit einer akribischen Liebe zum Detail kombinierte. Seine Fähigkeit, die Integrität seines Autos zu bewahren und Reifen und Kraftstoff besser zu managen als die meisten seiner Kollegen, ermöglichte es ihm, Rennen konstant in beherrschenden Positionen zu beenden und oft Konkurrenten zu überdauern, die vielleicht schneller von der Startlinie gestartet waren.

1980 lockte die Welt der Formel 1. Prost gab sein Debüt beim McLaren-Team und betrat die Spitze des Motorsports mit einem ruhigen Selbstvertrauen und dem Ruf eines Fahrers, der das Maximum aus seinem Auto herausholen konnte, ohne es zu übersteuern. Von Anfang an war Prosts Stil in der Formel 1 ein Studium der Feinmechanik; Er kannte die Grenzen seines Fahrzeugs genau und fuhr innerhalb dieser Grenzen, um die Fähigkeiten seines Autos für die Zeit zu schonen, in der es am wichtigsten war.

Diese Akribie brachte ihm nicht nur Rennen ein, sondern auch die Bewunderung derer, die Langlebigkeit und Strategie über bloße Geschwindigkeit stellten. In einer Zeit, die zunehmend von technologischen Fortschritten dominiert wird, war Prosts intellektuelle Herangehensweise an den Rennsport sowohl ein Kontrast zu den viszeraleren Stilen seiner Konkurrenten als auch eine Blaupause dafür, wie man in der sich verändernden Landschaft der Formel 1 erfolgreich sein kann.

Im Laufe seiner Karriere navigierte Prost mit seiner strategischen Brillanz und seinem unerschütterlichen Auftreten durch die Höhen und Tiefen des Sports, lernte immer dazu und passte sich immer an. Sein Aufstieg von der Kleinstadt Lorette an die Spitze des Motorsports war nicht nur eine Reise, die in Runden und karierten Flaggen gemessen wurde, sondern eine, die neu definierte, was es bedeutete, ein Rennfahrer zu sein.

Kollisionskurs

Die Mitte der 1980er Jahre markierte einen entscheidenden Moment in der Formel 1, als die Motorsportbühne Zeuge der Ankunft eines erstaunlichen Talents wurde, Ayrton Senna, der bald auf den bereits beeindruckenden Alain Prost treffen sollte. Sennas rasanter Aufstieg durch die Rennränge war geradezu kometenhaft. Von der Dominanz der Wettbewerbe in der Formel Ford bis hin zu einem Namen in der Formel 3 war Sennas Weg von einer fast übernatürlichen Fähigkeit hinter dem Steuer und einem unermüdlichen Streben nach dem Sieg geprägt.

1984 trat Senna in die hochoktanige Welt der Formel 1 ein und schloss sich dem Toleman-Team an. Sein Einstieg war nicht nur ein Schritt nach vorne; Es war ein Sprung in ein Reich, in dem Legenden gemacht und Vermächtnisse geschaffen wurden. Prost, bereits eine prominente Figur und ein Meisterschaftsanwärter mit McLaren, repräsentierte den Höhepunkt dessen, was Senna herausfordern und schließlich übertreffen wollte.

Ihre erste bedeutende Konfrontation entfaltete sich unter den harten und gnadenlosen Bedingungen des Großen Preises von Monaco 1984. Auf dieser regennassen Strecke, auf der der unerbittliche Regenguss ebenso zum Gegner wurde wie die anderen Fahrer, wurden Sennas außergewöhnliche Fähigkeiten voll zur Geltung gebracht. Von weit hinten in der Startaufstellung gestartet, manövrierte er sich mit einer Mischung aus kühnem Mut und unübertroffenem Geschick durch das Feld und schnitt durch den Regen, als wäre es nur eine Unannehmlichkeit.

Im Laufe des Rennens begann Senna in einem scheinbar minderwertigen Toleman-Auto näher an Prost, den Führenden des Rennens, heranzukommen. Prost, vorsichtig und berechnend, war sich der sich verschlechternden Bedingungen und des Risikos, das sie darstellten, zutiefst bewusst. Währenddessen zeigte Senna unbeirrt eine furchtlose Entschlossenheit, nicht nur zu konkurrieren, sondern zu erobern. Seine Fahrt war ein Spektakel aus Wagemut und Trotz, ein Statement nicht nur für Prost, sondern für die gesamte Formel-1-Community.

Prost, der Sennas unerbittliches Vordringen in seinen Spiegeln miterlebte, fühlte eine Mischung aus Besorgnis und Ehrfurcht. Das Rennen wurde jedoch aufgrund des extremen Wetters unterbrochen, und Prost wurde zum Sieger erklärt, als Senna bereit war, um die Führung zu kämpfen. Diese Entscheidung war umstritten, aber sie unterstrich die dramatische Geschichte, die sich zwischen den beiden Fahrern entfaltete. Über Sennas Leistung sagte Prost später mit einer Mischung aus Respekt und Vorahnung: "Ich habe noch nie jemanden so fahren sehen. Seine Entschlossenheit war beängstigend."

Diese dramatische Episode in Monaco war nur der Auftakt dessen, was sich zu einer der legendärsten Rivalitäten der Sportgeschichte entwickeln sollte. Die gegensätzlichen Hintergründe von Senna und Prost – dem feurigen brasilianischen Emporkömmling und dem berechnenden französischen Virtuosen – fügten ihrer Rivalität eine zusätzliche Komplexität hinzu. Sennas rauer, leidenschaftlicher Fahrstil kollidierte mit Prosts methodischem und strategischem Ansatz und bereitete die Bühne für zahlreiche epische

Showdowns.

Als sich ihre Karrieren in den folgenden Saisons verflochten, wurde jedes Rennen, in dem sie gegeneinander antraten, zu einem Schachspiel mit halsbrecherischer Geschwindigkeit. In ihren Duellen ging es nicht nur um Punkte oder Podestplätze, sondern um persönliche Kämpfe, die ihre Grenzen, Philosophien und ihren Willen auf die Probe stellten. Jeder Sieg und jede Niederlage zwischen Senna und Prost brachte nicht nur Punkte in der Meisterschaftswertung; Sie haben das Narrativ der Rivalität, des gegenseitigen Respekts und des unerbittlichen Strebens nach Größe, das ihre beiden Karrieren bestimmte, tiefer eingebrannt.

Diese Konvergenz von Talent und Ehrgeiz auf den Rennstrecken der Formel 1 sorgte nicht nur für Schlagzeilen. Es erhob den Sport zu einem Spektakel menschlicher Bemühungen und Dramen, in dem jede Runde, jede Kurve und jeder Moment des Trotzes gegen alle Widrigkeiten die Fantasie der Fans weltweit beflügelte und den Grundstein für ein Vermächtnis legte, das weit über ihre Renntage hinaus Bestand haben sollte.

Kapitel 2: Eine Konvergenz der Talente

Im Laufe der 1980er Jahre stand die Formel 1 kurz davor, eine spektakuläre Konvergenz von Talenten zu erleben. Ayrton Senna und Alain Prost, die sich jeweils ihren eigenen Weg an die Spitze des Motorsports gebahnt hatten, standen kurz davor, eine geschichtsträchtige Rivalität zu schaffen, die Fans auf der ganzen Welt in ihren Bann ziehen würde. Ihre ersten Begegnungen auf der Bahn waren nur Vorspeisen für das bevorstehende Fest des Wettbewerbs.

Frühe Begegnungen

Die Formel-1-Saison 1984 diente als dramatische Kulisse für die ersten Begegnungen zwischen Ayrton Senna und Alain Prost und bereitete die Bühne für eine der legendärsten Rivalitäten des Sports. Senna, ein Neuling in der Formel 1, schloss sich dem unbekannten Toleman-Team an, das trotz seiner bescheidenen Mittel eine entscheidende Rolle bei der Präsentation seiner außergewöhnlichen Talente spielen sollte. Prost hingegen war bereits ein beeindruckender Konkurrent in den Elite-Rängen von McLaren, einem

Team, das sowohl den Stammbaum als auch die Ressourcen hatte, um um Meisterschaften zu kämpfen.

Ihre gegensätzlichen Situationen im Sport zeigten nicht nur Unterschiede in der Teamdynamik, sondern auch unterschiedliche Wege, die jeder Fahrer eingeschlagen hatte, um in die Formel 1 zu gelangen. Prost begann, seinen Ruf als konstanter Leistungsträger zu festigen, der in der Lage war, die Fähigkeiten seines Autos zu nutzen, um wichtige WM-Punkte zu sichern. Senna hingegen war der temperamentvolle Außenseiter, sein Auto weit weniger leistungsfähig, aber sein schiere Talent war nicht zu übersehen.

Die Bühne für ihr denkwürdiges erstes Aufeinandertreffen war der Große Preis von Monaco 1984, ein Ereignis, das für immer in die Annalen der Formel-1-Geschichte eingehen sollte. Monaco mit seinen engen Kurven und engen Straßen ist eine Strecke, die den Fahrern höchste Präzision und Geschicklichkeit abverlangt, was sie zu einem geeigneten Schauplatz für ein Duell zwischen zwei der talentiertesten Rennfahrer des Sports macht.

Prost, der sich des eskalierenden Regens und der

zunehmenden Gefahr bewusst war, übernahm mit Vorsicht die Führung und führte ihn durch die Bäche, die die Strecke tückisch machten. Senna, der von der dreizehnten Position startete, ging das Rennen mit einem kontrastreichen Stil an. Er hatte nichts zu verlieren und fuhr mit einer Mischung aus Wagemut und Finesse, die ihn durch das Feld schlängelte und einen Konkurrenten nach dem anderen unter Bedingungen überholte, die selbst die erfahrensten Fahrer einschüchtern würden.

Sennas kometenhafter Aufstieg durch das Feld war nicht nur eine Demonstration seiner fahrerischen Fähigkeiten; es war eine mutige Erklärung seiner Absichten in der Formel 1. Seine furchtlose Navigation auf der regennassen Strecke in einem weniger konkurrenzfähigen Auto zeigte außergewöhnliche Fähigkeiten, die Zuschauer und Konkurrenten gleichermaßen in Erstaunen versetzten. Das Rennen fand jedoch ein abruptes und umstrittenes Ende, als es aufgrund des sich verschlechternden Wetters abgebrochen wurde, wobei Prost zum Sieger erklärt wurde, als Senna bereit zu sein schien, um den Spitzenplatz zu kämpfen.

Obwohl Prost den Sieg holte, war es Senna, der die kollektive Fantasie des Fahrerlagers und der gesamten Sportwelt beflügelte. Sein Auftritt war eine Offenbarung, die nicht nur sein Potenzial, sondern auch seine Bereitschaft unterstreicht, die etablierte Ordnung in Frage zu stellen. "Ich habe heute viel über die Grenzen meines Autos gelernt", reflektierte Senna danach und unterstrich mit seinen Worten seine unter Druck gewonnenen Erkenntnisse und seine Fähigkeit, Grenzen zu überschreiten. "Und über die Grenzen, an die ich unter solchen Bedingungen gehen könnte."

Dieses Rennen legte den Grundstein für ihre aufkeimende Rivalität und deutete auf die epischen Schlachten hin, die sich in den kommenden Jahren entfalten würden. Beide Fahrer kamen mit einem verbesserten Ruf aus Monaco hervor: Prost, der berechnende Champion, der unter Druck geschickt die Führung verwaltete, und Senna, der kühne Newcomer, dessen Wagemut im Regen die Ankunft eines beeindruckenden neuen Talents in der Formel-1-Szene signalisierte. Während sich ihre Wege weiter kreuzten, fügte jedes Rennen ihrer Beziehung eine Ebene der Komplexität und des Wettbewerbs hinzu und schürte eine Rivalität, die ihre Karrieren bestimmen und die Welt des Motorsports in ihren Bann ziehen sollte.

Rivalität aufbauen

Die Formel-1-Saison 1985 markierte ein entscheidendes Jahr in der eskalierenden Rivalität zwischen Ayrton Senna und Alain Prost. Als Senna zum Lotus-Team wechselte, das im Vergleich zu seiner vorherigen Zeit bei Toleman über überlegene Ressourcen und ein konkurrenzfähigeres Auto verfügte, war die Bühne für einen intensiveren und direkteren Wettbewerb zwischen ihm und Prost bereitet.

Mit Lotus war Senna besser gerüstet, um an der Spitze der Startaufstellung zu kämpfen. Der Schritt war in materieller Hinsicht mehr als ein Schritt nach vorne; es symbolisierte Sennas Aufstieg zu einem ernsthaften Anwärter auf regelmäßige Rennsiege. Diese Fähigkeit wurde beim Großen Preis von Portugal schnell unter Beweis gestellt, als Senna seinen ersten Formel-1-Sieg einfuhr. Das Rennen, das bei sintflutartigem Regen ausgetragen wurde, spielte Sennas außergewöhnliche Fähigkeiten unter widrigen Bedingungen aus und bestätigte seine Meisterschaft auf nassen Strecken. Sein Auftritt in Portugal war nicht nur ein Sieg; Es war eine Tour de Force, eine Meisterklasse in Präzision und Kühnheit, die die Rennwelt in Ehrfurcht versetzte. "Mein erster Sieg war ein Durchbruch, nicht nur in meiner

Karriere, sondern auch in meinem Glauben, dass ich an der Spitze mithalten kann", sagte Senna später.

Auf der anderen Seite der Rivalität war Prosts Saison 1985 von einem Höhepunkt konstanter Leistungen geprägt, die schließlich dazu führten, dass er sich seine erste Weltmeisterschaft sicherte. Prost fuhr für McLaren und demonstrierte einen Fahrstil, der Laufruhe und Effizienz verkörperte. Sein Ansatz, der oft als methodisch und strategisch angesehen wird, konzentrierte sich darauf, die Reifen und Bremsen seines Autos zu schonen, damit er das Tempo halten konnte, ohne die Langlebigkeit des Fahrzeugs während eines Rennens zu beeinträchtigen. Dies stand in scharfem Kontrast zu Sennas instinktiverem und aggressiverem Stil, der zwar spektakulär war, aber seine Maschinerie stärker belastete.

Prosts Stil und Erfolg blieben Senna nicht verborgen, der in seinem Rivalen eine andere Interpretation davon sah, wie man im Rennsport Spitzenleistungen erbringt. "Man kann das Auto nicht so übersteuern wie Ayrton", kommentierte Prost oft, eine Aussage, die eine Mischung aus Respekt und Erstaunen über Sennas Fähigkeit unterstrich, Grenzen jenseits der konventionellen Weisheit zu verschieben. Dieser Unterschied in ihren Herangehensweisen unterstrich nicht nur ihre unterschiedlichen Philosophien gegenüber dem Rennsport, sondern intensivierte auch ihre Rivalität, da jeder Grand Prix eine Kulisse für diesen Kampf der Titanen bot.

Während der Saison 1985 wurde ihre Rivalität immer intensiver und sichtbarer. Jedes Rennen, in dem sie um die Überlegenheit kämpften, wurde zu einem Brennpunkt für Fans und Medien und veranschaulichte nicht nur einen Wettstreit um Geschwindigkeit, sondern auch einen tieferen Kampf um Verstand, Willen und Rennphilosophie. Sennas Wagemut im Kontrast zu Prosts kalkulierter Präzision zeichnete ein lebendiges Bild von zwei gegensätzlichen Wegen zur Größe, die jeweils von ihrer eigenen Brillanz und ihren eigenen Herausforderungen geprägt sind.

Im Laufe ihrer Karrieren entwickelte sich die Rivalität zwischen Senna und Prost von einem aufkeimenden Wettbewerb zu einer der fesselndsten Erzählungen in der Welt des Sports. Bei ihren Kämpfen auf der Strecke ging es nicht nur darum, wer als Erster die Ziellinie überqueren würde, sondern auch darum, wie ihre unterschiedlichen Herangehensweisen an den Rennsport ihre individuellen Charaktere und

Bestrebungen widerspiegelten. Diese Dynamik verlieh ihrer beruflichen Rivalität eine reichhaltige, persönliche Dimension und bereitete die Bühne für zahlreiche legendäre Begegnungen in den folgenden Saisons.

Der psychologische Kampf

Die Rivalität zwischen Ayrton Senna und Alain Prost überschritt die physischen Grenzen von Rennstrecken und entwickelte sich zu einem komplexen Spiel der psychologischen Kriegsführung, das so strategisch war wie ihre Rennmanöver. Beide Fahrer waren sich der Macht von Worten und Wahrnehmungen sehr bewusst und nutzten geschickt die Medien, um ihre öffentlichen Persönlichkeiten zu gestalten und den psychologischen Zustand des anderen subtil zu beeinflussen.

Dieses psychologische Duell spielte sich öffentlich und privat ab, wobei jeder Fahrer Interviews und Pressekonferenzen als Plattformen nutzte, um die Stärken des anderen zu loben und gleichzeitig vermeintliche Schwächen hervorzuheben. Diese Taktik fügte ihrer Rivalität nicht nur eine zusätzliche Ebene der Intrige hinzu, sondern verwickelte auch die Öffentlichkeit und die Fans in ihren anhaltenden

Kampf.

Prost, der für seine durchdachte und analytische Herangehensweise an den Rennsport bekannt ist, lobte Sennas rohe Geschwindigkeit und seine Fähigkeit, Grenzen zu überschreiten, und würdigte ihn als "den schnellsten Fahrer der Welt". Er wies jedoch auch auf die Risiken hin, die mit Sennas furchtlosem Stil verbunden sind. Seine Bemerkung, dass "das Problem mit Ayrton ist, dass er denkt, er könne sich nicht umbringen, und das ist sehr gefährlich", war nicht nur eine Beobachtung, sondern eine pointierte Kritik, die das hervorheben sollte, was er als rücksichtslose Missachtung der Sicherheit empfand. Diese Aussage spiegelte nicht nur eine Besorgnis wider, sondern auch einen Versuch, Senna als übermäßig aggressiv darzustellen, was vielleicht sogar auf einen Mangel an Reife oder Disziplin hindeutete.

Senna hingegen respektierte Prosts Akribie und seine Fähigkeit, durch Präzision und Konsistenz maximale Leistung zu erzielen. Dennoch sah er Prosts methodisches Vorgehen als Verwundbarkeit, insbesondere unter Bedingungen oder in Situationen, die Spontaneität und mutige Manöver erforderten. Sennas Philosophie wurde in seiner Überzeugung zusammengefasst, dass der Erfolg in der Formel 1 eine inhärente Risikobereitschaft erfordert. "Wenn du erfolgreich sein willst, musst du bereit sein, Risiken einzugehen", sagte er oft, kritisierte subtil Prosts konservativere Taktik und positionierte sich als der mutigere und implizit leidenschaftlichere und engagiertere Konkurrent.

Das Zusammenspiel dieser öffentlichen Börsen fügte ihrer Rivalität eine psychologische Dimension hinzu, die ebenso fesselnd war wie ihre Rennen. Jeder Kommentar und jedes Interview wurde von Fans und Analysten seziert, was ihren Begegnungen auf der Strecke eine psychologische Komplexität hinzufügte. Dieser Kampf des Verstandes und des Willens spielte sich nicht nur in ihrem Fahren ab, sondern auch in der Art und Weise, wie sie mit ihrem Image und ihrem Ruf umgingen, wobei jeder versuchte, sich einen mentalen Vorteil gegenüber dem anderen zu verschaffen.

Die psychologische Kriegsführung zwischen Senna und Prost wurde so zu einem entscheidenden Aspekt ihrer Rivalität und beeinflusste, wie sie sich auf Rennen vorbereiteten, wie sie auf der Strecke interagierten und sogar, wie sie mit ihren Teams und der Öffentlichkeit umgingen. Ihre Worte, oft sorgfältig gewählt und bedeutungsvoll, gehörten ebenso zu ihrem Arsenal wie die Motoren und Reifen ihrer Autos. Dieser Aspekt ihrer Rivalität steigerte nicht nur die Dramatik ihres Wettbewerbs, sondern unterstrich auch die Intelligenz und Charaktertiefe beider Fahrer, die beide ein Spiel mit hohem Einsatz spielten, das nicht nur körperliche Geschwindigkeit und Geschicklichkeit, sondern auch tiefgreifende psychologische Einsichten und Manipulationen erforderte.

Kampf der Titanen

Mitte der 1980er Jahre wurde die Formel-1-Welt von der eskalierenden Rivalität zwischen Ayrton Senna und Alain Prost erfasst. Jedes Rennen, an dem sie teilnahmen, war nicht nur ein Ereignis; Es war ein erzählerisches Kapitel einer fortlaufenden Saga, die Fans weltweit in ihren Bann zog. Ihre Wettkämpfe auf der Rennstrecke nahmen an Häufigkeit und Intensität zu und gipfelten oft in dramatischen Rad-an-Rad-Kämpfen, die nicht nur ihr fahrerisches Können, sondern auch ihre wilde Entschlossenheit zeigten, sich gegenseitig zu übertreffen.

Die Formel-1-Saison 1986 war ein Symbol für diese wachsende Rivalität. Jeder Grand Prix schien den Einsatz zu erhöhen, und Senna und Prost kämpften zunehmend um das gleiche Stück Asphalt, ihre Autos waren bei rasender Geschwindigkeit nur wenige Zentimeter voneinander entfernt. Der

Wettkampf zwischen ihnen war ein fesselndes Spektakel, unterstrichen durch die gegenseitige Anerkennung der beeindruckenden Talente des anderen und das unausgesprochene Eingeständnis, dass jeder vielleicht der einzige wahre Maßstab für den anderen auf der Strecke war.

Diese intensive Zeit der Rivalität war geprägt von einer Reihe denkwürdiger Duelle, die jeden Fahrer an die Grenzen seiner Fähigkeiten und Ausdauer brachten. Die Rennen waren strategisch angespannt, da sowohl Senna als auch Prost nicht nur ihre Manöver auf der Strecke berechneten, sondern auch die Taktik des anderen vorhersahen. Das psychologische Zusammenspiel, das zu einer kritischen Unterströmung ihrer Interaktionen geworden war, fügte jeder Konfrontation eine zusätzliche Ebene der Komplexität hinzu.

Das Crescendo dieser aufregenden Saison war der Große Preis von Australien, ein Rennen, das wegen seiner schieren dramatischen Intensität in die Annalen der Formel-1-Geschichte eingehen sollte. Die Meisterschaft hing in der Schwebe, die Spannung war spürbar, als sich die Autos in der Startaufstellung aufstellten. Im Laufe des Rennens wurde es zu einer nervenaufreibenden Demonstration von Geschicklichkeit, Strategie und purer Willenskraft. Prost, der seine Erfahrung und seinen fein geschliffenen Instinkt für das Rennmanagement nutzte, navigierte mit kühlem Kopf und strategischem Scharfsinn durch den Druck.

Das Rennen in Australien war voller Herausforderungen, darunter wechselnde Wetterbedingungen, die die Fähigkeit der Fahrer auf die Probe stellten, sich an schnell wechselnde Umstände anzupassen. Prosts Fähigkeit, die Reifen seines Autos zu schonen und die Kraftstoffeffizienz zu steuern, Eigenschaften, die zu seinem Markenzeichen geworden waren, stand im Kontrast zu Sennas aggressiverem Ansatz, bei dem er sein Auto an die absoluten Grenzen brachte.

Letztendlich war es Prost, der als Sieger hervorging und seine zweite Weltmeisterschaft in einem Finale holte, das Fans und Konkurrenten gleichermaßen bis zum letzten Moment in Atem hielt. Dieser Sieg war nicht nur ein Beweis für seine fahrerischen Fähigkeiten, sondern auch für seine mentale Stärke, mit dem intensiven Druck eines Meisterschaftskampfes gegen einen der beeindruckendsten Gegner, denen er je gegenüberstand, umzugehen.

Die Saison 1986 festigte die Rivalität zwischen Senna und Prost als eine der größten in der Geschichte des Sports. Jedes Rennen in diesem Jahr trug zu einer breiteren Geschichte von Rivalität, Respekt und unermüdlichem Streben nach Exzellenz bei. Die Kämpfe auf der Strecke gingen über den bloßen Wettbewerb hinaus; Es waren intensive Konfrontationen zwischen zwei Titanen des Sports, die beide von dem unnachgiebigen Wunsch angetrieben wurden, sich nicht nur der Welt, sondern auch einander als die Besten zu beweisen.

Kapitel 3: Teamkollegen und Spannungen

1988 änderte sich die Formel-1-Landschaft dramatisch, als Ayrton Senna zu Alain Prost zu McLaren wechselte. Diese Partnerschaft, die unter dem Banner eines der technologisch fortschrittlichsten Teams in der Formel 1 gegründet wurde, war bereit, entweder eine brillante Zusammenarbeit oder einen spektakulären Kampf der Titanen zu werden. Es wurde beides.

Das Dreamteam

1988 traf McLaren eine mutige strategische Entscheidung, die die Landschaft der Formel 1 verändern sollte: Sie verpflichteten Ayrton Senna, um sich Alain Prost anzuschließen, der bereits eine Schlüsselfigur im Team war. Diese Partnerschaft bildete das, was viele Enthusiasten und Experten als das beeindruckendste Line-up betrachteten, das jemals in der Geschichte des Sports zusammengestellt wurde. Gemeinsam fuhren Senna und Prost den MP4/4 mit Honda-Motor, eine nahezu perfekt konstruierte Maschine, die dazu bestimmt war, die Saison zu dominieren.

Ron Dennis, der scharfsinnige und visionäre Teamchef von McLaren, war sich des Potenzials für interne Konflikte bewusst, wenn zwei der wettbewerbsfähigsten und fähigsten Fahrer des Sports kombiniert werden. Dennis glaubte jedoch, dass die Gegenüberstellung von Prosts analytischer Präzision und Sennas roher Aggressivität die Leistung des Teams auf ein noch nie dagewesenes Niveau heben könnte. Er stellte sich eine Synergie vor, bei der sich ihre gegensätzlichen Stile ergänzen und nicht kollidieren würden, um McLaren zu einem überwältigenden Erfolg zu führen.

Von Anfang an war die Atmosphäre im Team elektrisierend und mit einer spürbaren Intensität aufgeladen. Beide Fahrer waren sich der Herausforderungen und der einzigartigen Dynamik ihrer Partnerschaft sehr bewusst. Prost, der einen zurückhaltenderen und strategischeren Ansatz verfolgte, zielte darauf ab, konstant Punkte zu sammeln und sich die Meisterschaft zu sichern, während Senna, angetrieben von einer feurigen Leidenschaft und einem unerbittlichen Siegeswillen, in jedem Rennen an die Grenzen ging. "Wir waren wie Feuer und Eis", reflektierte Prost später über ihre Beziehung und fing die Essenz ihrer gegensätzlichen Herangehensweisen an den

Rennsport ein.

Sennas Philosophie war eine völlig andere, da er von einer intensiven Abneigung gegen alles angetrieben wurde, was weniger als der erste Platz war. "Zweiter zu sein bedeutet, der Erste von denen zu sein, die verlieren", sagte er berühmt und spiegelte damit seine Alles-oder-Nichts-Einstellung gegenüber dem Wettbewerb wider. Diese Einstellung machte ihn in jedem Rennen zu einem beeindruckenden Wettkämpfer, der sich selbst und damit auch Prost und den Rest des Teams ständig anspornte, nach ständiger Exzellenz zu streben.

Die Dynamik innerhalb von McLaren entwickelte sich zu einer faszinierenden Studie über Teamarbeit, bei der zwei der größten Fahrer in der Geschichte des Sports gezwungen waren, ihre persönlichen Ambitionen mit dem gemeinsamen Ziel in Einklang zu bringen, die Konstrukteurs-Weltmeisterschaft für ihr Team zu sichern. Die Saison entfaltete sich mit einer Reihe meisterhafter Leistungen beider Fahrer, die es schafften, jeden Grand Prix sowohl in ein kooperatives Unterfangen um Teamruhm als auch in ein Schlachtfeld um die persönliche Vorherrschaft zu verwandeln.

Diese Periode in der Geschichte von McLaren wird

oft nicht nur wegen der Dominanz des Teams in Erinnerung behalten, sondern auch wegen des fesselnden menschlichen Dramas, das sich zwischen Senna und Prost abspielte. Ihre komplexe Beziehung, die sowohl von Rivalität als auch von widerwilligem gegenseitigem Respekt geprägt war, forderte jeden von ihnen heraus, ihre Grenzen und ihr Verständnis davon, was es bedeutet, ein Champion zu sein, neu zu definieren. Die interne Dynamik innerhalb von McLaren unter der kalkulierten Leitung von Ron Dennis führte somit nicht nur zu einer der erfolgreichsten Saisons in der Formel 1, sondern bereitete auch die Bühne für eine der intensivsten und am meisten diskutierten Rivalitäten der Sportgeschichte.

Der Beginn der Feindseligkeiten

Während der Große Preis von Brasilien die Motoren der Vorfreude entzündete, setzte Ayrton Senna, der Lokalmatador, auf einen triumphalen Start und sehnte sich danach, seine Landsleute mit einer Demonstration von Können und Geschwindigkeit zu verblüffen. Das Schicksal hatte jedoch einen anderen Plan, als mechanische Gremlins seine Ambitionen sabotierten und ihn ins Abseits drängten, während Alain Prost den Sieg errang. Prosts kalkulierte und unerschütterliche

Herangehensweise stand in scharfem Kontrast zu Sennas leidenschaftlichem Streben nach Ruhm.

Im Laufe der Saison verschärfte sich die Rivalität zwischen den beiden McLaren-Titanen, und jedes Rennen wurde zu einem Schlachtfeld, auf dem sie die Grenzen ihrer Maschinen und ihres Willens austesteten. Das Pendel der Dominanz schwang hin und her, während sie um die Position kämpften und mit jedem Rennen Siege und Podiumsplätze austauschten.

Zur Halbzeit der Saison wurde immer deutlicher, dass die Meisterschaft ein Duell zwischen diesen beiden starken Gegnern sein würde. Der Große Preis von Monaco, der für seine glamouröse Anziehungskraft und seine tückischen Grenzen bekannt ist, war Zeuge eines Moments, der sich in die Geschichte der Formel 1 einbrannte. Senna, die das Rennen mit einem souveränen Vorsprung anführte, tanzte auf Messers Schneide zwischen Brillanz und Katastrophe. Doch in einer grausamen Wendung des Schicksals verriet ihn sein Eifer, schleuderte sein Auto in die Leitplanken und bescherte Prost einen unerwarteten Triumph.

Nach dem Rennen dienten die glitzernden Straßen von Monte Carlo als Bühne für Sennas private

Abrechnung. Verloren im Labyrinth seiner Gedanken wanderte er in der Einsamkeit umher und kämpfte mit der Last seines Irrtums. Das Echo seiner inneren Zerrissenheit hallte durch die Nacht, als er gestand: "Es war mein Rennen, um zu gewinnen", und den bitteren Stachel seiner Niederlage inmitten der Opulenz der Größe Monacos anerkannte.

Der psychologische Vorteil

In den heiligen Hallen von McLaren braute sich ein komplexes Zusammenspiel von Persönlichkeiten und Ideologien zusammen, das das Ethos und die Fahrdynamik des Teams prägte. Ayrton Senna, angetrieben von einem unstillbaren Hunger nach Perfektion und angetrieben von einem inbrünstigen Glauben an seine eigenen Fähigkeiten, begab sich auf eine spirituelle Odyssee, um Pole-Positions und Siege zu erringen und die Grenzen des bloßen Wettbewerbs zu überschreiten. Im krassen Gegensatz dazu ging Alain Prost, der vollendete Taktiker, jedes Rennen mit der Präzision eines Schachgroßmeisters an und sammelte akribisch Punkte auf dem Schachbrett der Saison.

Ihre unterschiedlichen Philosophien prallten nicht nur auf der Strecke aufeinander; Sie durchdrangen jede Facette der Teamexistenz und lösten Spannungen aus, die unter der Oberfläche brodelten. Als Sennas Anziehungskraft immer stärker wurde und das Team unaufhaltsam in seine Umlaufbahn zog, wurde Prost zunehmend an den Rand gedrängt und in den Schatten der Brillanz seines Teamkollegen verbannt. Der Kampf um die Vorherrschaft erstreckte sich über die Rennstrecke hinaus und infiltrierte die Korridore der Macht innerhalb von McLaren, wo Ressourcen und Aufmerksamkeit zu wertvollen Gütern im Kampf um die Vorherrschaft wurden.

Für Prost war die Erkenntnis seines schwindenden Einflusses innerhalb des Teams eine bittere Pille, die er schlucken musste, eine ernüchternde Anerkennung seines Status als Nebenfigur in Sennas Schatten. "Mir wurde klar, dass das Team komplett um ihn herum war", gestand Prost, und der Stachel des Grolls trübte seine Worte. "Es wurde schwierig, in einem Team zu bleiben, wenn man ein bisschen zweiter Fahrer ist." Das Gefühl der Entfremdung brodelte unter der Oberfläche und schürte Prosts wachsende Desillusionierung über McLarens Entwicklung und Sennas allgegenwärtigen Einfluss.

Die Spannung, die sich zwischen den beiden Titanen der Formel 1 stetig aufgebaut hatte, erreichte ihren Höhepunkt beim Großen Preis von Italien in Monza, einem Schmelztiegel aus Geschwindigkeit und Spektakel. Als Sennas Ambitionen erneut ins Wanken gerieten und seine Träume gegen den unerbittlichen Asphalt prallten, ergriff Prost die Gelegenheit mit gnadenloser Präzision und holte sich einen weiteren wichtigen Sieg. In diesem Moment des Triumphs, inmitten des Gebrülls der Menge und des Duftes des Sieges, fand Prost Trost in dem Wissen, dass er für einen flüchtigen Moment die Kontrolle aus den Fängen seines furchterregenden Gegners entrissen hatte.

Eine Meisterschaft entschieden

Als die Sonne hinter dem Horizont versank und die Motoren auf der berühmten Rennstrecke von Suzuka zum Leben erweckt wurden, war die Bühne für das große Finale ihrer saisonlangen Saga bereitet. Ayrton Senna, dessen Meisterschaftsambitionen in der Schwebe hing, wusste, dass nichts anderes als ein Sieg seine Träume am Leben erhalten würde. Der Große Preis von Japan entfaltete sich mit all dem Drama, das einem Meisterschafts-Showdown gebührt, als Sennas Streben nach Ruhm mit einem ins Stocken geratenen Start von der Pole-Position einen frühen Rückschlag erlitt.

Unbeirrt von Widrigkeiten begab sich Senna auf eine atemberaubende Odyssee durch die Ränge, wobei jeder waghalsige Überholmanöver ein Beweis für seinen unbezwingbaren Geist und seine unnachgiebige Entschlossenheit war. Nachdem jede Kurve erobert und jeder Rivale erledigt war, bahnte sich Senna einen Weg zur Wiedergutmachung und überquerte die Ziellinie in einem Glanz des Triumphs, Prost folgte ihm.

Der Sieg in Suzuka entfachte die Flammen der Vorfreude und warf ein Schlaglicht auf das bevorstehende Aufeinandertreffen in Adelaide, wo das Schicksal auf seine endgültige Abrechnung wartete. Inmitten der fieberhaften Erwartung blieb Alain Prost ein Bild stählerner Gelassenheit, der den ultimativen Preis unbeirrt im Blick hatte.

Im Herzen von Adelaide, inmitten der brütenden Hitze und des Gebrülls der Menge, lieferte Prost eine Meisterklasse in Präzision und Gelassenheit ab und holte sich seine dritte Weltmeisterschaft mit einer kalkulierten Fahrt auf den zweiten Platz. Als Senna zum Sieg stürmte, knisterte die Luft von der Elektrizität der Rivalität, die durch gegenseitigen Respekt gemildert wurde.

Nach ihrem titanischen Kampf, inmitten der

Champagnerduschen und der Bewunderung der Menge, fingen Sennas ergreifende Worte die Essenz ihrer turbulenten Reise ein. "Wir haben diese erstaunliche Situation, in der wir wirklich hart kämpfen, aber es gibt auch viel Respekt", reflektierte er und fasste damit die Essenz einer Saison zusammen, die über den bloßen Wettbewerb hinausging und inmitten des Schmelztiegels des Wettbewerbs Kameradschaft knüpfte.

Reflexionen über eine angespannte Partnerschaft

Als die Zielflagge für die Saison 1988 fiel, befanden sich Ayrton Senna und Alain Prost an einem Scheideweg, jeder von der Last ihrer gemeinsamen Geschichte belastet. Der Schmelztiegel des Wettbewerbs hatte eine Partnerschaft voller Spannungen geschmiedet, ein empfindliches Gleichgewicht zwischen Kameradschaft und Konflikten, das die Grenzen ihrer Ausdauer auf die Probe gestellt hatte.

Für Senna und Prost war die Saison 1988 ein Schmelztiegel der Verwandlung gewesen, eine Reise, die von berauschenden Höhen und vernichtenden Tiefen geprägt war. Der

Schmelztiegel des Wettbewerbs hatte sie an den Rand des Abgrunds gebracht und jedes Quäntchen Geschick und Entschlossenheit herausgeholt, während sie auf der Rasierklinge des Ruhms tanzten.

Doch inmitten des Dröhnens der Motoren und der Bewunderung der Menge hatte sich die Saat der Zwietracht gebildet, die einen Schatten auf ihre einst unzerbrechliche Bindung warf. Die intensive Rivalität, die ihre Partnerschaft geprägt hatte, war zu einem zweischneidigen Schwert geworden, das sie zu neuen Leistungshöhen trieb und gleichzeitig die Saat der Unzufriedenheit säte, die in den kommenden Saisons schwelen würde.

Ihre Partnerschaft, ein Spektakel aus Geschwindigkeit und Können, hatte die Annalen der Formel-1-Geschichte erhellt, ein Beweis für die rohe Kraft des menschlichen Ehrgeizes angesichts unüberwindbarer Hindernisse. Doch unter der Fassade der Kameradschaft verbarg sich eine grundlegende Wahrheit: Obwohl sie sich das gleiche Auto teilten, trennten sich ihre Wege auf subtile und tiefgreifende Weise, die dazu bestimmt war, getrennte Wege einzuschlagen, während sie ihr jeweiliges Streben nach Vorherrschaft verfolgten.

Als sie an der Schwelle zu einer neuen Ära standen, kämpften Senna und Prost mit den Echos ihrer turbulenten Partnerschaft, die beide von dem Gespenst verfolgt wurden, was hätte sein können. Im Schmelztiegel des Wettbewerbs hatten sie ein unauslöschliches Band geschmiedet, ein Beweis für die anhaltende Kraft des menschlichen Geistes im Streben nach Größe. Doch als sie in den Horizont blickten, wussten sie, dass ihre Reise noch lange nicht zu Ende war, denn sie war dazu bestimmt, mit Herzen voller Ehrgeiz und voller Möglichkeiten durch die tückischen Gewässer der globalen Bühne der Formel 1 zu navigieren.

Kapitel 4: Der Kampf verschärft sich

Die Formel-1-Saison 1989 war nicht nur eine Fortsetzung der Rivalität zwischen Ayrton Senna und Alain Prost. es war eine Eskalation. Die interne Dynamik bei McLaren, die im Vorjahr angespannt war, erreichte einen Siedepunkt, als beide Champions nicht nur die Vorherrschaft in der Startaufstellung, sondern auch innerhalb ihres eigenen Teams anstrebten. In diesem Kapitel ihrer Geschichte entfaltete sich ihre Rivalität mit dramatischen Folgen und veränderte die Landschaft der Formel 1 grundlegend.

Brüche im Inneren

Als sich der Vorhang für die neue Staffel hob, begann die einst solide Partnerschaft zwischen Senna und Prost unter der Last der schwelenden Spannungen zu zerbrechen. Innerhalb der Grenzen von McLaren hing ein spürbares Gefühl des Unbehagens schwer in der Luft und warf einen Schatten auf die einst einheitliche Front des Teams. Jedes vorbeiziehende Rennen diente nur dazu, die Kluft zu vertiefen, da Senna und Prost in einen erbitterten Kampf um die Vorherrschaft verwickelt waren.

Die Strapazen des Wettbewerbs hatten die Teamatmosphäre in ein Schlachtfeld verwandelt, auf dem jedes Manöver durch die Linse der Rivalität unter die Lupe genommen wurde. Für Prost war die Erkenntnis, dass sein größter Gegner nicht in den Reihen seiner Konkurrenten, sondern in seinem eigenen Team saß, eine bittere Pille, die er schlucken musste. "Es ist keine angenehme Situation – es ist ein Kampf", gestand er, und das Gewicht seiner Worte unterstrich den Ernst ihrer zerbrochenen Beziehung. "Es ist nicht einfach, weil wir für das gleiche Team fahren, aber gegeneinander um jeden Punkt kämpfen."

Der Große Preis von San Marino diente als Vorbote der wachsenden Kluft in den Reihen von McLaren. Sennas Triumph auf der Strecke trug nur dazu bei, die schwelenden Spannungen zu verschärfen, da Prost auf einen abgeschlagenen dritten Platz zurückfiel. Nach dem Rennen offenbarte Prosts kaum verhohlene Kritik an der Strategie des Teams die Tiefe seiner Frustration und deutete auf eine tiefere Zwietracht hin, die das Team zu zerreißen drohte.

Senna, die von Prosts Andeutungen ebenso

beunruhigt war, verschwendete keine Zeit, um die Heiligkeit ihrer Partnerschaft zu verteidigen. "Wir konkurrieren, ja, aber wenn wir uns als Teamkollegen nicht vertrauen können, dann haben wir nichts", entgegnete er, und seine Worte waren eine trotzige Behauptung der Verbundenheit, die sie einst in ihrem Streben nach Größe vereint hatte. Doch unter der Oberfläche hatten sich die Risse zu vergrößern begonnen, was den Beginn eines turbulenten Kapitels in ihrer geschichtsträchtigen Rivalität einläutete.

Der Wendepunkt: Großer Preis von Frankreich

Der Große Preis von Frankreich im Juli erwies sich als Schlüsselmoment im Drama zwischen Senna und Prost. Für Prost stand viel auf dem Spiel, als er auf den heiligen Boden seines Heimrennens zurückkehrte, wo der glühende Jubel der Menge als eindringliche Erinnerung daran diente, was auf dem Spiel stand. Mit Entschlossenheit, die in jede Faser seines Wesens eingebrannt war, ging Prost mit einem einzigen Fokus auf die Strecke: seinen rechtmäßigen Platz an der Spitze der Formel 1 zurückzuerobern.

In einer meisterhaften Demonstration von Geschick

und Strategie setzte sich Prost gegen seinen Rivalen durch und manövrierte Senna mit einer Präzision aus, die durch jahrelange Erfahrung verfeinert wurde. Der Sieg war eine Krönung für Prost, ein Triumph, der tief mit dem Echo seiner vergangenen Ruhm nachhallte. Doch inmitten der jubelnden Feierlichkeiten blieb eine spürbare Spannung bestehen – ein Gefühl, dass dieser Sieg mehr als nur ein Triumph auf der Strecke war.

Der Große Preis von Frankreich war Zeuge von Prosts kalkulierten Manövern, als er Sennas Vorstöße auf Schritt und Tritt mit aggressiver Defensivtaktik vereitelte. Die Botschaft war klar: Prost war nicht bereit, seinen Titel kampflos aufzugeben. Jeder waghalsige Block und jede kalkulierte Bewegung diente als Beweis für Prosts unerschütterliche Entschlossenheit, eine Absichtserklärung, die in den Reihen seiner Konkurrenten widerhallte.

Für Senna war der Große Preis von Frankreich eine ernüchternde Erkenntnis - eine deutliche Erinnerung an den gewaltigen Gegner, dem er in Prost gegenüberstand. Als er seinen Rivalen nach vorne stürmen sah, wusste Senna, dass der Weg zum Sieg voller Hindernisse sein würde, von denen eines beängstigender war als das andere. Doch inmitten des Trubels des Rennens brannte ein Funken Entschlossenheit – die Entschlossenheit, sich den Herausforderungen zu stellen und seinen rechtmäßigen Platz an der Spitze der Formel 1 zurückzuerobern.

Im Schmelztiegel des Wettbewerbs, inmitten des Dröhnens der Motoren und des donnernden Applauses der Menge, erwies sich der Große Preis von Frankreich als Wendepunkt - ein Moment, der den Verlauf ihrer Rivalität für die kommenden Rennen prägen sollte. Während Prost sich im Glanz des Sieges sonnte und Senna seinen nächsten Schritt plante, war die Bühne für einen Kampf epischen Ausmaßes bereitet - ein Kampf der Titanen, der die Welt in seinen Bann ziehen und ihre Namen in die Annalen der Renngeschichte einbrennen würde.

Der Showdown in Suzuka

Der Große Preis von Japan in Suzuka ist ein entscheidender Moment in den Annalen der Formel 1, ein Rennen, das sich in das kollektive Gedächtnis von Fans und Konkurrenten gleichermaßen eingebrannt hat. Als die Meisterschaft in der Schwebe hing, war die Bühne für einen Showdown titanischen Ausmaßes bereitet - ein Willenskonflikt, der durch die Korridore der Renngeschichte hallen würde.

Für Senna hätte der Einsatz nicht höher sein können. Als seine Titelhoffnungen am Rande des Aussterbens standen, war der Sieg in Suzuka nicht nur ein Ziel, sondern eine Notwendigkeit – ein Imperativ, der ihn an die Grenzen seiner Fähigkeiten trieb. Als die Lichter erloschen und das Dröhnen der Motoren die Luft erfüllte, stürmte Senna von der Pole-Position nach vorne, sein Blick unerschütterlich auf den Preis gerichtet, der verlockend in Reichweite lag.

Neben ihm zeichnete sich Prost als furchterregender Gegner ab, ein Gespenst der Opposition, das Sennas Träume im Handumdrehen zu entgleisen drohte. Als sie auf die erste Kurve zurasten, ein Schmelztiegel aus Spannung und Vorfreude, entfaltete sich die unvermeidliche Kollision mit einer düsteren Unvermeidlichkeit. Senna, dessen Entschlossenheit unnachgiebig war, versuchte, den Vorteil zu nutzen, indem er auf die Innenlinie hechtete, während Prost seinen Vorstoß blockieren wollte.

Im Handumdrehen brach Chaos aus, als ihre Autos in einer Symphonie aus quietschenden Reifen und knirschendem Metall kollidierten. Der Aufprall schleuderte sie von der Strecke, ihre Meisterschaftshoffnungen zerschlugen sich im Handumdrehen. Für Prost war das Rennen vorbei, bevor es richtig begonnen hatte, sein Schicksal wurde von der launischen Hand des Schicksals besiegelt. Doch für Senna war der Kampf noch lange nicht vorbei.

Mit Entschlossenheit, die in jede Faser seines Wesens eingebrannt war, weigerte sich Senna, sich geschlagen zu geben. Er schnallte sich mit der Dringlichkeit eines Besessenen an und gestikulierte verzweifelt um Hilfe, eine einsame Gestalt in einem Meer von Chaos. Als Beweis für seinen unbezwingbaren Geist wurde Sennas Auto zurück auf die Strecke geschoben, ein Phönix, der aus der Asche der Verzweiflung auferstand.

Was folgte, war eine Demonstration von purer Willenskraft und Widerstandsfähigkeit, als Senna sich seinen Weg zurück in den Kampf kämpfte und die tückischen Drehungen und Wendungen von Suzuka mit eiserner Entschlossenheit navigierte. In einem Moment des Triumphs und der Erlösung überquerte er die Ziellinie im Glanz des Ruhms, als Sieger in einem Rennen voller Dramatik und Intrigen.

Doch als die Zielflagge fiel und die Feierlichkeiten ausbrachen, war das Drama von Suzuka noch lange nicht vorbei. Die Nachwirkungen der Kollision sollten einen langen Schatten auf den Sport werfen und Debatten und Kontroversen auslösen, die noch jahrelang nachwirken sollten. Im Schmelztiegel des Wettbewerbs, inmitten der Hitze des Gefechts, entpuppte sich der Große Preis von Japan in Suzuka als Schmelztiegel der Gefühle - ein Rennen, das nicht nur wegen seines Dramas auf der Strecke in Erinnerung bleiben sollte, sondern auch wegen der seismischen Auswirkungen, die es auf die Landschaft der Formel 1 haben würde.

Kontroversen und Konsequenzen

Nach dem turbulenten Showdown in Suzuka versank der Große Preis von Japan in einem Strudel aus Kontroversen und Konsequenzen und hinterließ unauslöschliche Spuren in der Geschichte der Formel 1. Als sich der Staub legte und das Echo der Kollision im Äther verblasste, spielte sich das wahre Drama in den heiligen Hallen der Kammern der F1-Stewards ab.

In einer Entscheidung, die Schockwellen durch den Sport schickte, wurde Senna kurzerhand wegen eines Verstoßes gegen das Reglement disqualifiziert - ein Push-Start der Streckenposten, der den etablierten Regeln zuwiderlief. Die Auswirkungen waren erschütternd und veränderten den Verlauf der Meisterschaft auf eine Weise, die Fans und Experten gleichermaßen ungläubig zurückließ.

Für Senna war das Urteil eine bittere Pille, die es zu schlucken galt – ein Urteil, das nach politischen Machenschaften und Manövern hinter den Kulissen roch. "Die Entscheidung war unglaublich, Politik im Sport", schäumte er, und seine Worte waren eine vernichtende Anklage gegen die wahrgenommenen Ungerechtigkeiten, die seine Meisterschaftsambitionen beeinträchtigt hatten. Im Zuge der Kontroverse war Sennas Desillusionierung über die Führung des Sports spürbar, eine instinktive Erinnerung an die inhärenten Mängel, die unter seinem glänzenden Äußeren lauerten.

In der Zwischenzeit wurde Prost als unwissender Nutznießer der Entscheidung der Stewards ins Rampenlicht gerückt - ein Weltmeister, dessen Sieg durch das Gespenst einer Kontroverse getrübt wurde. Doch inmitten des Chaos und der Verwirrung behielt Prost eine stoische Entschlossenheit bei, und seine Zufriedenheit wurde durch ein anhaltendes Gefühl des

Unbehagens gedämpft. "Es ist nicht die Art und Weise, wie ich gewinnen wollte", gab er zu, und seine Worte waren von einem Hauch von Bedauern geprägt. "Aber es ist eine Meisterschaft, und ich werde sie gewinnen."

Nach dem Showdown in Suzuka hallte der Nachhall der Kontroverse weit und breit wider, warf einen Schatten auf den Ruf des Sports und löste Debatten aus, die noch jahrelang wüten sollten. Im Schmelztiegel des Wettbewerbs, inmitten der Triumphe und Schwierigkeiten der Meisterschaftsjagd, erwies sich der Große Preis von Japan als warnendes Beispiel - eine deutliche Erinnerung an die Zerbrechlichkeit der sportlichen Integrität und den anhaltenden Reiz des Strebens nach Ruhm, wie getrübt es auch sein mag.

Rückblick auf ein turbulentes Jahr

Im Zuge der Suzuka-Saga fanden sich McLaren und die Formel 1 im grellen Rampenlicht der Überprüfung wieder, ihre Handlungen und Entscheidungen wurden unter dem unbarmherzigen Blick der öffentlichen Meinung seziert. Für Senna und Prost markierten die Nachwirkungen der Kontroverse eine Zeit tiefer Selbstbeobachtung – eine Zeit, in der sie gezwungen waren, sich der harten Realität ihrer zerbrochenen Partnerschaft zu stellen.

Als sich der Staub legte und der Nachhall von Suzuka durch die Korridore der Macht hallte, kämpften beide Fahrer mit existenziellen Fragen über ihre Zukunft im Team. Was einst eine harmonische Allianz zwischen zwei der größten Talente des Sports gewesen war, hatte sich zu einem Hexenkessel der Feindseligkeit und des Misstrauens entwickelt - ein Riss, der das Gefüge der Identität von McLaren zu zerreißen drohte.

Die Saison 1989 war mit dem Versprechen von Größe angebrochen, einem Team, das in seinem Streben nach Ruhm vereint war. Doch im Laufe des Jahres begannen sich die Risse in ihrer einst undurchdringlichen Fassade zu vergrößern und die zugrunde liegenden Spannungen freizulegen, die lange unter der Oberfläche geköchelt hatten. Was als Traumpartnerschaft begonnen hatte, war zu einem Albtraum geworden – einer turbulenten Reise, die unauslöschliche Spuren in den Annalen der Renngeschichte hinterlassen sollte.

Für Senna und Prost sollten die Ereignisse von 1989 den Verlauf ihrer Karrieren für immer verändern. Einst Teamkollegen, die durch ein gemeinsames

Ziel verbunden waren, fanden sie sich nun in einem erbitterten Kampf um die Vorherrschaft wieder – eine Rivalität, die die Grenzen des persönlichen Wettbewerbs überschritt und die Essenz des Rennsports selbst verkörperte. In ihrem unermüdlichen Streben nach dem Sieg waren sie zu Symbolen für den unnachgiebigen Geist des Sports geworden, ihre Rivalität ein Beweis für die anhaltende Kraft des menschlichen Geistes im Angesicht von Widrigkeiten.

Als sie am Abgrund einer neuen Ära standen, wussten Senna und Prost, dass der vor ihnen liegende Weg voller Herausforderungen und Hindernisse sein würde. Doch inmitten des Tumults und der Ungewissheit fanden sie Trost in dem Wissen, dass sie im Guten wie im Schlechten eine unauslöschliche Spur in dem Sport hinterlassen hatten, den sie liebten – ein Vermächtnis, das noch lange nach dem Fall der letzten Zielflagge Bestand haben würde.

Kapitel 5: Der Haltepunkt

Die Formel-1-Saison 1990 entfaltete sich vor dem Hintergrund des umstrittenen Finishs des Vorjahres. Die Rivalität zwischen Ayrton Senna und Alain Prost, die jetzt erbitterter und persönlicher denn je ist, hatte die Grenzen des Sports überschritten und die Aufmerksamkeit der Welt auf sich gezogen. Die Ereignisse von 1989 hatten die Bühne für einen Showdown bereitet, der das Narrativ der Formel-1-Rivalität für immer verändern sollte.

Wechselnde Allianzen

Die Off-Season war geprägt von seismischen Veränderungen im Formel-1-Fahrerlager, als Alain Prost die folgenschwere Entscheidung traf, McLaren zu verlassen und mit Ferrari einen neuen Weg einzuschlagen - ein Schritt, der Schockwellen durch den Sport schickte. Mit Prosts Abgang erfuhr die Landschaft seiner Rivalität mit Senna einen tiefgreifenden Wandel, da sich die einst unzertrennlichen Gegner auf entgegengesetzten Seiten des Schlachtfelds wiederfanden.

Für Prost war der Wechsel zu Ferrari ein mutiger Sprung ins Unbekannte - eine Chance, eine neue

Herausforderung anzunehmen und seine Leidenschaft für den Wettbewerb neu zu entfachen. "Ich musste McLaren verlassen", erklärte er mit einem Gefühl der Überzeugung. "Ich brauchte eine neue Herausforderung, und welche Herausforderung wäre besser geeignet als Ferrari, das legendärste Team in der Formel 1?" In den geschichtsträchtigen Hallen von Maranello sah Prost die Gelegenheit, seinen Namen in die Annalen der Motorsportgeschichte einzuschreiben - eine Chance, sein Vermächtnis neben den Legenden vor ihm zu verewigen.

Währenddessen blieb Senna bei McLaren verankert, seine Entschlossenheit war angesichts der Widrigkeiten unnachgiebig. Mit Prosts Abgang wurde er zum unangefochtenen Anführer des Teams – eine Rolle, die er mit charakteristischer Entschlossenheit annahm. Der brasilianische Maestro war entschlossener denn je, die Meisterschaft zurückzuerobern, die ihm im Vorjahr entgangen war, und hatte den Preis fest im Blick, der ihm auf umstrittene Weise entrissen worden war. "Ich bin so engagiert wie eh und je", erklärte Senna auf der Pressekonferenz zum Saisonauftakt, seine Worte waren eine trotzige Bekräftigung seiner unerschütterlichen Entschlossenheit. "Und ich glaube, dass die Gerechtigkeit in diesem Jahr auf meiner Seite sein wird."

Als die neue Saison anbrach und die Motoren zum Leben erwachten, war die Bühne für einen Kampf epischen Ausmaßes bereitet - ein Kampf der Titanen, der die Welt in seinen Bann ziehen und die Grenzen des Möglichen in der Formel 1 neu definieren würde. Im Schmelztiegel des Wettbewerbs, inmitten der Hitze des Gefechts, standen Senna und Prost bereit, das nächste Kapitel ihrer geschichtsträchtigen Rivalität zu schreiben – eine Saga von Ehrgeiz, Entschlossenheit und dem unerbittlichen Streben nach Größe.

Ein spannender Start

Zu Beginn der neuen Saison bereitete sich die Formel-1-Welt auf einen Showdown titanischen Ausmaßes vor, als die schwelende Rivalität zwischen Senna und Prost in einen offenen Konflikt überzukochen drohte. Mit jeder Bewegung, die unter die Lupe genommen und jedes Manöver analysiert wurde, erreichte der Druck auf die beiden Champions ein noch nie dagewesenes Niveau und warf einen Schatten der Intensität auf jedes Rennen im Kalender.

Wochenende für Wochenende entfaltete sich der

Grand Prix mit einem spürbaren Gefühl der Vorfreude, und jede Strecke war Zeuge eines Spektakels aus Geschicklichkeit und Strategie, das die Fans in Atem hielt. Doch inmitten des Rausches des Wettbewerbs war klar, dass sich der wahre Kampf, auf den alle gewartet hatten, erneut in Suzuka abspielen würde - einer Strecke, die zum Synonym für Drama und Intrigen geworden war.

Als sich das vorletzte Rennen der Saison am Horizont abzeichnete, richteten sich die Augen der Welt auf Suzuka, wo sich die Geschichte zu wiederholen pflegte. Genau wie im Jahr zuvor erwies sich der Große Preis von Japan als der Schmelztiegel, in dem die Meisterschaft entschieden werden sollte - ein Schlachtfeld, auf dem Champions aufeinanderprallten und Vermächtnisse im Schmelztiegel des Wettbewerbs geschmiedet wurden.

Mit hohen Spannungen und höheren Einsätzen als je zuvor war die Bühne für einen Showdown bereitet, der die Welt in seinen Bann ziehen und die Grenzen der sportlichen Rivalität neu definieren würde. In der Hitze des Gefechts, inmitten des Dröhnens der Motoren und des donnernden Applauses der Menge, standen Senna und Prost bereit, das nächste Kapitel ihrer sagenumwobenen Rivalität zu schreiben – eine Saga von Ehrgeiz, Entschlossenheit und dem unerbittlichen Streben nach Größe.

Suzuka: Der Rückkampf

Der Große Preis von Japan in Suzuka entpuppte sich als Höhepunkt des Schlachtfelds für die Neuauflage des Jahrhunderts, wobei die Meisterschaft wieder einmal in der Schwebe hing. Senna, der an der Spitze der Gesamtwertung thronte, hatte einen knappen Vorsprung, aber Prost, der dicht dahinter in den Punkten lauerte, zeichnete sich als beeindruckender Herausforderer ab, der bereit war, den Titel zu gewinnen, wenn das Schicksal zu seinen Gunsten wendete. Vor der Kulisse der Rennstrecke von Suzuka war die Bühne für einen Showdown bereitet, der in die Annalen der Renngeschichte eingehen sollte.

Inmitten der spürbaren Spannung, die in der Luft lag, entfaltete sich das Qualifying mit der ganzen Intensität eines Duells mit hohem Einsatz. Senna, der Meister der Ein-Runden-Brillanz, fuhr eine rasante Runde, um sich die Pole Position zu sichern, wobei er seine Dominanz voll zur Geltung brachte, als er seinem Rivalen den Fehdehandschuh hingab. Prost, immer ein gerissener Stratege, positionierte sich neben Senna in der ersten Reihe, bereit, bei der ersten Gelegenheit zuzuschlagen.

Als die Lichter erloschen und das Dröhnen der Motoren die Luft erfüllte, rasten die beiden Titanen der Formel 1 mit einem Gefühl der Dringlichkeit, das an Verzweiflung grenzte, auf die erste Kurve zu. Senna, der sich an der Innenlinie verschanzte, und Prost, der auf der Außenseite groß aufragte, lieferten sich ein Spiel mit hohem Tempo, während sie um die Vorherrschaft kämpften.

In einem Moment des herzzerreißenden Déjà-vu wiederholte sich die Geschichte mit unheimlicher Präzision, als die beiden Autos genau an derselben Ecke kollidierten, an der ihr Schicksal im Jahr zuvor kollidiert war. Diesmal waren die Rollen jedoch vertauscht, wobei Senna den Kontakt einleitete, der beide Fahrer von der Strecke und aus dem Rennen warf, ein verheerender Schlag, der in der Rennwelt nachhallen sollte.

Der Sturz besiegelte Sennas Schicksal als Champion, ein bitterer Sieg, der durch das Gespenst von Kontroversen und Zwietracht getrübt wurde. In einem seltenen Moment der Offenheit gab Senna zu, dass die Kollision absichtlich war, ein kalkulierter Schachzug, der aus dem Wunsch heraus geboren wurde, angesichts der Widrigkeiten die

Kontrolle über sein Schicksal zu übernehmen. "Das war der einzige Weg, wie die Meisterschaft in diesem Moment entschieden werden konnte", gestand er und erinnerte mit seinen Worten ernüchternd daran, wie weit Champions auf der Jagd nach Ruhm gehen würden. "Letztes Jahr wurde ich rausgenommen, und dieses Jahr wollte ich das nicht zulassen."

Als sich der Staub legte und das Echo des Unfalls im Äther verblasste, wurde die Rennstrecke von Suzuka Zeuge des Höhepunkts einer Rivalität für die Ewigkeit - einer Saga von Ehrgeiz, Verrat und Erlösung, die den Formel-1-Sport unauslöschlich prägen sollte. Im Schmelztiegel des Wettbewerbs, inmitten der Höhen und Tiefen des Rennsports, hatten Senna und Prost ihre Namen als wahre Legenden des Sports in die Annalen der Geschichte eingraviert, und ihr Vermächtnis hatte noch lange nach dem Fall der letzten Zielflagge Bestand.

Reaktionen und Auswirkungen

Die Folgen der Kollision in Suzuka hallten wie eine seismische Schockwelle durch die Formel-1-Community und hinterließen eine Spur von Kontroversen und Zwietracht. Nach dem Vorfall waren Fans und Kommentatoren bitter gespalten und setzten sich mit den moralischen Implikationen von Sennas Handlungen auseinander. Für einige wurde Sennas absichtliche Kollision mit Prost als gerechtfertigte Form der Vergeltung angesehen – eine lang erwartete Rechtfertigung für die wahrgenommenen Ungerechtigkeiten der Vergangenheit. Für andere war es jedoch ein dunkler und beunruhigender Moment für den Sport - eine eklatante Missachtung der Prinzipien von Fairplay und Sportsgeist, die lange Zeit als heilig galten.

Prost, der immer noch von den Folgen des Unfalls erschüttert war, nahm kein Blatt vor den Mund, als er Sennas Taktik verurteilte. "Was er getan hat, war widerlich", klagte Prost mit vor Empörung schwerer Stimme. "Es ist gefährlich und ein schreckliches Beispiel für den Sport." Seine Worte trafen den Nerv vieler in der Formel-1-Community, die Sennas Verhalten als Verrat am Wesen des Rennsports betrachteten - einen dreisten Verstoß gegen den ungeschriebenen Verhaltenskodex, der den Wettbewerb auf der Strecke regelte.

Als sich der Staub legte und das Echo der Kollision in den Hintergrund trat, sah sich der Dachverband wachsendem Druck ausgesetzt, gegen Senna wegen seiner Verfehlungen vorzugehen. Doch trotz des Aufschreis von Fans und Konkurrenten blieb der Meisterschaftsstand von 1990 unverändert, und Senna behielt seinen Titel schließlich inmitten einer Wolke von Kontroversen.

Für Senna und Prost markierten die Nachwirkungen von Suzuka einen bedeutenden Wendepunkt in ihrer turbulenten Beziehung, da ihre Rivalität die Grenzen des bloßen Wettbewerbs überschritt und sich gefährlich nahe an persönliche Feindseligkeit bewegte. Im Schmelztiegel des Wettbewerbs, inmitten der Hitze des Gefechts, verschwammen die Grenzen zwischen Freund und Feind und hinterließen ein Erbe der Bitterkeit und des Grolls, das noch jahrelang nachwirken sollte. Während sie durch die tückischen Gewässer der Formel 1 navigierten, fanden sich Senna und Prost in einem Kampf nicht nur um den Sieg, sondern auch um die Wiedergutmachung wieder – ein Bestreben, ihren Platz an der Spitze des Motorsports zurückzuerobern, koste es, was es wolle.

Jenseits der Strecke

Das Ende der Saison 1990 hinterließ unauslöschliche Spuren in der Landschaft der Formel 1 und überschritt die Grenzen der Rennstrecke und provozierte eine breitere

Diskussion über Sportsgeist, Ethik und das Wesen des Wettbewerbs. Nach Suzuka zwangen die Folgen der Kollision von Senna und Prost die Formel-1-Community, sich mit unbequemen Wahrheiten darüber auseinanderzusetzen, wie weit die Fahrer auf der Jagd nach dem Sieg gehen würden.

Als sich der Staub legte und das Echo der Kontroverse in den Hintergrund trat, kämpfte der Sport mit tiefgreifenden Fragen über das moralische Gefüge des Rennsports. Diskussionen über die Grenzen des Fairplay und die Ethik des Verhaltens auf der Strecke wurden zu zentralen Themen im kollektiven Bewusstsein von Fans, Kommentatoren und Wettkämpfern gleichermaßen. Die Kollision in Suzuka hatte die rohe Intensität der Rivalität zwischen Senna und Prost offengelegt und die Bruchlinien aufgedeckt, die unter der Oberfläche der glitzernden Fassade der Formel 1 lauerten.

Für Senna und Prost waren die Nachwirkungen der Kollision ein ernüchternder Moment der Selbstbeobachtung – eine Gelegenheit, über die Folgen ihres Handelns und das Vermächtnis, das sie hinterlassen wollten, nachzudenken. "Vielleicht sind wir zu weit gegangen", räumte Senna mit seltener Demut ein, und seine Worte waren ein ergreifendes Eingeständnis des Tributs, den ihre Rivalität sowohl für Männer als auch für den Sport, den sie liebten, gefordert hatte. In der Zwischenzeit dachte Prost, der sich dem Ende seiner illustren Karriere näherte, über sein Vermächtnis und die Werte nach, die er über die Grenzen der Rennstrecke hinaus verkörpern wollte.

Während sie sich durch die Komplexität von Ruhm und Reichtum navigierten, sahen sich Senna und Prost mit unbequemen Wahrheiten über das Wesen des Wettbewerbs und die Opfer, die er erforderte, konfrontiert. Im Schmelztiegel der Rivalität, inmitten der Höhen und Tiefen des Rennsports, entdeckten sie, dass wahre Größe nicht allein an Siegen gemessen wird, sondern an dem Charakter und der Integrität, die ihr Handeln sowohl auf als auch neben der Strecke bestimmen. Als der Vorhang für die Saison 1990 fiel, begaben sich Senna und Prost auf eine Reise der Selbstfindung - eine Suche, um ihr Vermächtnis neu zu definieren und den Sportsgeist zurückzugewinnen, der die Formel 1 einst als Höhepunkt des Motorsports definiert hatte.

Reflexionen über eine veränderte Rivalität

Der Abschluss der Saison 1990 markierte das Ende einer Ära - eines Kapitels in der Geschichte der Formel 1, das von der epischen Rivalität zwischen Senna und Prost geprägt war. Was als einfacher sportlicher Wettkampf begonnen hatte, hatte sich zu einer Saga epischen Ausmaßes entwickelt, die die Landschaft des Motorsports unauslöschlich prägte.

Ihre Kämpfe auf der Strecke waren über den bloßen Wettbewerb hinausgegangen und zum Symbol für das unerbittliche Streben nach Größe in der Welt der Formel 1 geworden. Mit jedem Rennen hatten Senna und Prost sich gegenseitig an die Grenzen ihrer Fähigkeiten gebracht, ihre Rivalität entfachte die Leidenschaft der Fans und fesselte die Fantasie der Sportwelt.

Doch als sich der Staub legte und das Echo ihrer Zusammenstöße in der Erinnerung verblasste, war klar, dass es bei der Senna-Prost-Rivalität um mehr ging als nur um den Sieg in Rennen – sie war zu einem Symbol des menschlichen Geistes in seiner reinsten Form geworden. Ihre Rivalität wurde im Schmelztiegel des Wettbewerbs geschmiedet, ein

Beweis für die anhaltende Kraft von Ehrgeiz, Entschlossenheit und Widerstandsfähigkeit.

Als sie auf ihre turbulente Reise zurückblickten, mussten sich sowohl Senna als auch Prost mit dem Erbe ihrer Rivalität auseinandersetzen. Was einst ein Wettstreit um Geschicklichkeit und Strategie gewesen war, hatte sich zu etwas viel Größerem entwickelt – zu einer Erzählung von Triumph und Tragödie, Sieg und Niederlage, die die Herzen und Köpfe von Millionen Menschen auf der ganzen Welt in ihren Bann gezogen hatte.

Am Ende war die Rivalität zwischen Senna und Prost ein Beweis für die transformative Kraft des Sports – eine Erinnerung daran, dass Größe nicht nur an Siegen gemessen wird, sondern an der Leidenschaft, Hingabe und dem Mut, die den menschlichen Geist ausmachen. Als der Vorhang für ihre geschichtsträchtige Rivalität fiel, hinterließen Senna und Prost ein Vermächtnis, das für kommende Generationen Bestand haben sollte – ein Vermächtnis, das durch das unnachgiebige Streben nach Exzellenz und die dauerhaften Bande des gegenseitigen Respekts definiert ist, die im Schmelztiegel des Wettbewerbs geschmiedet wurden.

Kapitel 6: Eine Rivalität auf ihrem Höhepunkt

Die Formel-1-Saison 1991 begann mit dem Echo des dramatischen Finales des Vorjahres, das noch immer durch das Fahrerlager hallte. Ayrton Senna, inzwischen dreimaliger Weltmeister, ging die neue Saison mit einer komplexen Mischung aus Rechtfertigung und Entschlossenheit an, während Alain Prost, der vom umstrittenen Ende des Jahres 1990 zutiefst betroffen war, ein Jahr der Selbstbeobachtung und strategischen Neukalibrierung mit Ferrari vor sich hatte. Ihre sich entwickelnde Rivalität stand weiterhin im Rampenlicht und zog Fans und Medien in eine Erzählung voller Wettbewerb und persönlicher Dramen hinein.

Jahreszeit des Wandels

Die Formel-1-Saison 1991 entfaltete sich vor dem Hintergrund technologischer Innovation und strategischer Entwicklung, als die Teams um die Vorherrschaft auf der Strecke wetteiferten. Für McLaren markierte die Saison das Debüt des MP4/6 - ein Wunderwerk der Technik, das die Tradition der Exzellenz des Teams mit seiner verbesserten

Aerodynamik und Zuverlässigkeit fortsetzte. Als das neue Auto in die Startaufstellung kam, schien die Dominanz von McLaren so gut wie gesichert zu sein, so dass die Rivalen darum kämpften, Schritt zu halten.

Währenddessen kämpfte Ferrari darum, mit dem rasanten Tempo der Rivalen mitzuhalten. Trotz aller Bemühungen hatte die Scuderia Schwierigkeiten, das volle Potenzial ihrer Maschinen auszuschöpfen, so dass Prost vor einem harten Kampf gegen die dominanten McLaren stand. Im Laufe der Saison hatte Prost mit der Frustration eines Autos zu kämpfen, das oft hinter den Erwartungen zurückblieb und seine Meisterschaftsambitionen durch die Einschränkungen seiner Maschinen behindert wurden.

Doch inmitten der Herausforderungen und Schwierigkeiten erwies sich Senna als unangefochtener Meister der Strecke - eine Kraft, mit der man am Renntag rechnen muss. Mit jedem Event nutzte der brasilianische Maestro jede Gelegenheit, um seine Führung in der Meisterschaft auszubauen, seine Siege waren nicht nur Triumphe der Geschwindigkeit, sondern auch der taktischen Brillanz. Senna trieb sein Auto bis an die absoluten Grenzen und überschritt die Grenzen dessen, was für möglich gehalten wurde, und sein Fahren war ein Beweis für die Kraft des menschlichen Ehrgeizes und der Entschlossenheit.

In einem Moment der Selbstbeobachtung sinnierte Senna philosophisch über die Natur seines Handwerks. "Du denkst, du hast eine Grenze. Sobald du dieses Limit berührst, passiert etwas und du kannst plötzlich ein bisschen weiter gehen", bemerkte er in einem Interview nach dem Rennen. Seine Worte brachten die Essenz seines Fahrstils auf den Punkt – ein unermüdliches Streben nach Perfektion, angetrieben von dem unnachgiebigen Wunsch, die Grenzen des für möglich Gehaltenen zu überschreiten.

Im Laufe der Saison 1991 wurde Sennas Fähigkeit, diese Grenzen konsequent zu finden und auszunutzen, zu einem entscheidenden Merkmal seiner Dominanz auf der Rennstrecke. Mit jedem Rennen brannte er seinen Namen tiefer in die Annalen der Formel-1-Geschichte ein, und seine Beherrschung des Sports hinterließ bei allen, die Zeugen seiner Größe wurden, einen unauslöschlichen Eindruck.

Ein kämpfender Prost

Für Prost entfaltete sich die Saison 1991 als Feuerprobe - ein zermürbender Test seiner Entschlossenheit angesichts zunehmender Widrigkeiten. Am Steuer des Ferrari 643 hatte der Franzose mit einer Litanei von Herausforderungen zu kämpfen, die seine Meisterschaftsambitionen zu gefährden drohten. Von Anfang an warfen die Zuverlässigkeitsprobleme des Autos einen Schatten von Zweifeln auf die Aussichten des Teams, so dass Prost Schwierigkeiten hatte, die maximale Leistung aus seiner Maschine herauszuholen.

Im Laufe der Saison kochte Prosts Frustration über die Mängel des Ferrari in die Öffentlichkeit über. Nach einem besonders enttäuschenden Rennen in Japan, bei dem technische Probleme seine Leistung beeinträchtigten, kritisierte Prost offen Ferraris Unfähigkeit, auf höchstem Niveau zu konkurrieren. "Ein Auto wie dieses ist eine Schande", klagte er, seine Worte waren eine vernichtende Anklage gegen das Versagen des Teams und ein deutliches Spiegelbild seiner wachsenden Frustration.

Prosts Kommentare belasteten seine Beziehung zu Ferrari und warfen einen Schatten der Unsicherheit über seine Zukunft im Team. Die einst großartige

Partnerschaft zwischen Fahrer und Team stand nun auf wackeligen Beinen, da Prosts unverblümte Kritik das Vertrauen und die Kameradschaft, die einst ihre Allianz geprägt hatten, zu untergraben drohten.

Als sich die Saison 1991 dem Ende zuneigte, sah sich Prost einer ungewissen Zukunft gegenüber, und seine Träume vom Meistertitel verblassten inmitten des Tumults einer Saison, die von Enttäuschung und Frustration geprägt war. Doch inmitten des Chaos und der Ungewissheit blieb eines klar: Prosts unbezwingbarer Geist und seine unerschütterliche Entschlossenheit würden ihn durch die dunkelsten Zeiten führen, während er sich darauf vorbereitete, sich den Herausforderungen, die vor ihm lagen, mit Mut und Widerstandsfähigkeit zu stellen.

Die Monaco Masterclass

Der Große Preis von Monaco in der Saison 1991 ist ein zeitloses Zeugnis für Ayrton Sennas unübertroffene Beherrschung des Sports - eine Demonstration von Können und Wagemut, die Zuschauer und Rivalen gleichermaßen in Ehrfurcht vor seiner schieren Brillanz zurückließ. Eingebettet in die engen, verwinkelten Straßen des Fürstentums ist die Rennstrecke von Monaco ein wahrer Test für die Präzision, die Nerven und den Mut eines Fahrers

– ein Schmelztiegel, in dem Legenden gemacht und Champions geschmiedet werden.

Als sich das Starterfeld auf den sonnenverwöhnten Straßen von Monte Carlo versammelte, hing die Vorfreude in der Luft, und das Versprechen von Drama und Spektakel lag über dem legendären Rennwochenende. Für Senna war Monaco mehr als nur ein weiteres Ereignis im Kalender – es war eine Leinwand, auf der er sein Meisterwerk malte, eine Chance, seinen Status als unangefochtener König der Straße zu bekräftigen.

Von dem Moment an, als die Lichter ausgingen, war Sennas Dominanz unbestreitbar, als er mit der Präzision eines Chirurgen und der Aggressivität eines Raubtiers an die Spitze des Feldes stürmte. Mit jeder Kurve, die er erobert und jeden Scheitelpunkt geküsst hatte, legte er ein rasantes Tempo hin, das seine Rivalen hinter sich ließ und Mühe hatte, mit seinem unerbittlichen Angriff Schritt zu halten.

Aber es war nicht nur Sennas rohe Geschwindigkeit, die ihn auszeichnete – es war seine unheimliche Fähigkeit, sich mit einer Gelassenheit und Kontrolle durch die tückischen Grenzen der Monaco-Rennstrecke zu bewegen, die an Übernatürliches grenzte. Mit jeder Runde tanzte er auf Messers

Schneide der Haftung und fädelte sein Auto mit einer Präzision durch die engen Kurven und Kurven, die fast übernatürlich wirkte.

Im Laufe des Rennens fand sich Senna in einem titanischen Kampf mit Nigel Mansell und anderen aufstrebenden Stars des Sports wieder, die jeweils um die Chance wetteiferten, den amtierenden Monarchen von Monaco zu entthronen. Doch trotz aller Bemühungen blieb Senna unantastbar, seine Aura der Unbesiegbarkeit warf einen Schatten des Zweifels auf seine Herausforderer und ließ sie bei ihrer vergeblichen Verfolgung nach Schatten greifen.

Als er die Ziellinie im Glanz des Ruhms überquerte, wurde Sennas Triumph von der Menge mit tosendem Applaus quittiert – eine angemessene Hommage an einen Meister auf dem Höhepunkt seiner Fähigkeiten. "In Monaco geht es um Präzision, Mut und Leidenschaft", bemerkte ein rivalisierender Teamchef in Ehrfurcht vor Sennas überragender Leistung. "Heute haben wir das Beste der Formel 1 gesehen", fügte er hinzu und seine Worte sind ein Beweis für das bleibende Vermächtnis einer wahren Legende des Sports.

In den Annalen der Formel-1-Geschichte wird der

Große Preis von Monaco 1991 für immer als ein entscheidender Moment in Erinnerung bleiben - ein Rennen, das die Essenz von Ayrton Sennas Größe auf den Punkt brachte und seinen Status als einer der ganz Großen des Sports festigte. Als die Sonne auf den Straßen von Monte Carlo unterging, stand Senna aufrecht auf dem Podium, sein Sieg war ein Triumph des Könnens, des Mutes und der schieren Entschlossenheit – ein Beweis für die anhaltende Kraft des menschlichen Geistes im Streben nach Exzellenz.

Der entscheidende Zusammenstoß

Der Große Preis von Spanien in der Saison 1991 wurde zu einem entscheidenden Moment in der anhaltenden Saga der Senna-Prost-Rivalität - ein Rennen, das zum Inbegriff der gegensätzlichen Ansätze und des harten Kampfgeistes werden sollte, die ihre geschichtsträchtige Rivalität definierten. Vor dem Hintergrund strömenden Regens war die Bühne für einen Showdown epischen Ausmaßes bereitet, als Senna und Prost in den tückischen Kurven des Circuit de Catalunya gegeneinander antraten.

Als sich die Autos inmitten der Sintflut in der Startaufstellung aufstellten, hing die Vorfreude in der Luft, und das Versprechen von Drama und Aufregung erreichte einen Höhepunkt. Für Senna und Prost hätte der Einsatz nicht höher sein können, da sie sich auf den Kampf unter Bedingungen vorbereiteten, die äußerstes Geschick, Mut und Entschlossenheit erforderten.

Von dem Moment an, als die Lichter ausgingen, war klar, dass dies kein gewöhnliches Rennen werden würde. Als die Gischt der Hahnenschwänze die Sicht verdeckte und die Autos gefährlich am Rande der Haftung skateten, kristallisierten sich Senna und Prost schnell als die Klasse des Feldes heraus, wobei ihre gegensätzlichen Stile für alle sichtbar waren.

Für Senna war die regennasse Strecke eine Leinwand, auf der er sein Meisterwerk malte – eine Chance, sein unvergleichliches Talent und seine Beherrschung der Elemente zu demonstrieren. Mit jeder Runde ging er an die Grenzen von Grip und Traktion, sein aggressives und unerbittliches Streben nach dem Sieg ließ seine Rivalen in Ehrfurcht vor seiner schieren Kühnheit zurück.

Prost hingegen ging das Rennen mit seinem typischen Pragmatismus und seiner Präzision an – ein kalkulierter Stratege, der die tückischen

Bedingungen mit einem ruhigen und maßvollen Auftreten navigierte. Während Senna bei jeder Gelegenheit an die Grenzen ging, wartete Prost auf den perfekten Moment, um zuzuschlagen.

Im Laufe des Rennens erreichte die Spannung zwischen den beiden Rivalen einen Siedepunkt, und jede Runde brachte sie näher an den Rand einer Katastrophe. Doch inmitten des Chaos und der Ungewissheit war es Senna, der als Sieger hervorging, seine unerschütterliche Entschlossenheit und unerschütterliche Entschlossenheit trieben ihn zu einem Triumph für die Ewigkeit.

Nach dem Rennen diente Sennas Sieg als schmerzliche Erinnerung an seinen Status als Regenmeister - ein Fahrer, der in der Lage ist, die Grenzen von Grip und Traktion zu überschreiten, um selbst die tückischsten Bedingungen zu meistern. Für Prost war die Niederlage eine bittere Pille, die er schlucken musste – eine deutliche Erinnerung an das unerbittliche Streben nach Exzellenz, das seinen Rivalen auszeichnete.

Als die Sonne auf dem Circuit de Catalunya unterging, sollte der Große Preis von Spanien 1991 als entscheidendes Aufeinandertreffen in der anhaltenden Rivalität zwischen Senna und Prost in die Geschichte eingehen - ein Rennen, das die Essenz ihres Kampfgeistes auf den Punkt brachte und unauslöschliche Spuren in den Annalen der Formel-1-Geschichte hinterließ.

Vermächtnis und Reflexion

Als der Vorhang für die Saison 1991 fiel, stand Ayrton Senna wieder an der Spitze der Formel-1-Welt, seine vierte Weltmeisterschaft sicherte er sich mit einer Mischung aus Hochgefühl und Selbstbeobachtung. Für Senna war der Erfolg ein Beweis für jahrelanges Engagement, Aufopferung und unerschütterliche Entschlossenheit – eine Bestätigung seines Status als einer der ganz Großen des Sports. Doch inmitten der Feierlichkeiten herrschte ein Gefühl der Melancholie – die Erkenntnis, dass sich die intensiven Kämpfe mit seinem Erzrivalen Alain Prost dem Ende zuneigten.

Für Senna war die Rivalität mit Prost mehr als nur ein Wettstreit um Geschicklichkeit und Geschwindigkeit gewesen – sie war ein Schmelztiegel der Selbstfindung und des persönlichen Wachstums gewesen. "Wir sind in vielerlei Hinsicht unterschiedlich, aber es gibt gegenseitigen Respekt", sagte Senna, und seine

Worte waren ein Beweis für die Bindung, die sich zwischen zwei erbitterten Konkurrenten entwickelt hatte. "Bei unseren Kämpfen auf der Strecke ging es um mehr als nur darum, Rennen zu gewinnen. Es ging darum, an unsere Grenzen zu gehen, die Grenzen unserer Fähigkeiten auszutesten, um nach Größe zu streben."

Auch Prost blickte mit einer Mischung aus Nostalgie und Bewunderung auf ihre Rivalität zurück. "Gegen Ayrton anzutreten, war eine der größten Herausforderungen meiner Karriere", gab er mit einem Hauch von Wehmut in der Stimme zu. "Es hat mich dazu gebracht, besser zu werden, tiefer über den Rennsport und das Leben nachzudenken. Ich habe viel gelernt, und ich hoffe, er hat es auch getan."

Als Prost sein Sabbatical für die Saison 1992 ankündigte, bereitete sich die Formel-1-Welt auf das Ende einer Ära vor - eine Fackelübergabe von einer Generation an die nächste. Doch inmitten der Wachablösung sollte das Vermächtnis von Senna und Prost Bestand haben - ein Beweis für die anhaltende Kraft ihrer Rivalität und die unauslöschlichen Spuren, die sie in dem Sport, den sie liebten, hinterlassen haben.

In den kommenden Jahren sollten ihre Kämpfe als legendär in Erinnerung bleiben – ein Beweis für die transformative Kraft des Wettbewerbs und die dauerhaften Verbindungen, die im Schmelztiegel der Rennstrecke geschmiedet wurden. Für Senna und Prost war ihre Rivalität mehr als nur ein Kapitel in den Geschichtsbüchern - es war ein Vermächtnis, das in den Herzen und Köpfen der Fans für kommende Generationen weiterleben sollte, eine zeitlose Erinnerung an den wahren Geist der Formel 1.

Epilog: Eine Rivalität, an die man sich erinnert

Als sich das letzte Kapitel der Saison 1991 dem Ende zuneigte, signalisierte es auch den Anfang vom Ende einer der legendärsten Rivalitäten der Formel 1. Ayrton Senna und Alain Prost, zwei Titanen des Sports, hatten sich nicht nur gegenseitig an den Rand ihrer Fähigkeiten gebracht, sondern auch die Formel 1 auf ein noch nie dagewesenes Niveau der Aufregung und Faszination gehoben. Ihre Rivalität, die von Momenten erhabenen Könnens, intensiver Dramatik und erbitterter Kontroversen geprägt war, hatte die Fantasie der Fans auf der ganzen Welt gefesselt und den Sport unauslöschlich geprägt, der für kommende Generationen nachhallen sollte.

Für Senna und Prost waren ihre Kämpfe auf der Rennstrecke über den bloßen Wettbewerb hinausgegangen und zu einem Symbol für das unermüdliche Streben nach Exzellenz und den unerschütterlichen Willen geworden, um jeden Preis erfolgreich zu sein. Von den Straßen Monacos bis zu den regennassen Kurven Kataloniens waren ihre Duelle zum Stoff für Legenden geworden – ein zeitloses Zeugnis für die Kraft des menschlichen Ehrgeizes und die anhaltende Faszination des Motorsports.

Im Laufe der Jahre und ihrer Karrieren trennten sich Senna und Prost neuen Herausforderungen und schufen ein neues Vermächtnis in der Welt des Motorsports. Doch das Echo ihrer Rivalität würde nachklingen, eine ständige Erinnerung an die Höhen, zu denen sie einst aufgestiegen waren, und an den Einfluss, den sie auf den Sport hatten, den sie liebten.

In den Annalen der Formel-1-Geschichte wird die Saison 1991 nicht nur als Höhepunkt sportlicher Erfolge in Erinnerung bleiben, sondern auch als Zeugnis für das bleibende Vermächtnis von zwei der größten Fahrer, die jemals auf der Strecke standen. Für Senna und Prost war ihre Rivalität mehr als nur ein Wettstreit um Geschicklichkeit und

Geschwindigkeit – es war eine Reise der Selbstfindung, ein Kampf um die Vorherrschaft und schließlich ein Band, das im Schmelztiegel des Wettbewerbs geschmiedet wurde und lange nach dem endgültigen Fall der Zielflagge Bestand haben würde.

Kapitel 7: Die letzte Runde

Die Formel-1-Saison 1993 läutete die letzten Kapitel der legendären Rivalität zwischen Ayrton Senna und Alain Prost ein. Prost war von seinem Sabbatical zurückgekehrt, um zu Williams-Renault zu wechseln, einem Team, das das technologisch fortschrittlichste Auto in der Startaufstellung entwickelt hatte. In der Zwischenzeit blieb Senna bei McLaren, das zwar konkurrenzfähig war, aber Schwierigkeiten hatte, mit der rohen Pace der Williams-Autos mitzuhalten. Diese Saison war nicht nur eine weitere Titeljagd; es war ein ergreifender Höhepunkt einer Rivalität, die eine Ära in der Formel 1 geprägt hatte.

Prosts Comeback

Alain Prosts mit Spannung erwartete Rückkehr in die Formel 1 mit Williams in der Saison 1993 markierte den Beginn eines neuen Kapitels in seiner geschichtsträchtigen Karriere - ein Comeback, das von Ehrgeiz, Entschlossenheit und dem unermüdlichen Streben nach Meisterschaftsruhm angetrieben wurde. Bewaffnet mit der beeindruckenden Kombination eines Williams-Autos, das mit Spitzentechnologien wie aktiver

Federung und Traktionskontrolle ausgestattet ist, verschwendete Prost keine Zeit, um seine Absichten klar zu machen. "Ich bin nicht zurückgekommen, um zu verlieren", erklärte er mit charakteristischer Zuversicht und bereitete damit die Bühne für einen Showdown epischen Ausmaßes.

Für Prost ging es bei der Entscheidung, in die Startaufstellung zurückzukehren, nicht nur darum, an vergangene Erfolge anzuknüpfen - es ging darum, zu beweisen, dass er immer noch das Zeug dazu hat, auf höchstem Niveau zu konkurrieren und seine Bilanz von drei Weltmeisterschaften zu erweitern. Mit der starken Kombination aus Erfahrung, Können und dem technologischen Vorsprung, den das Williams-Auto bot, erwies sich Prost von Anfang an als beeindruckender Herausforderer und schickte mit seinem rasanten Tempo und seiner unerschütterlichen Entschlossenheit Schockwellen durch das Fahrerlager.

Doch Prosts Comeback verlief nicht ohne Kritiker, allen voran sein alter Rivale Ayrton Senna. Der Brasilianer, der es seit langem gewohnt war, gegen Prost auf Augenhöhe zu kämpfen, war frustriert über die technologischen Unterschiede zwischen den jeweiligen Teams. "Es ist, als würde man mit einem

Schwert gegen eine Waffe kämpfen", klagte Senna, seine Worte erinnerten ihn stark an die Herausforderungen, denen er sich im Wettbewerb gegen die überlegene Williams-Maschine stellen musste.

Im Laufe der Staffel brodelten die Spannungen zwischen Senna und Prost unter der Oberfläche und entfachten das Wettkampffeuer, das ihre legendäre Rivalität definiert hatte. Mit jedem Rennen wurde der Einsatz höher, da Senna versuchte, die Widrigkeiten zu überwinden und zu beweisen, dass er sich immer noch gegen die Chancen zu Prosts Gunsten durchsetzen konnte.

Im Schmelztiegel des Wettbewerbs wurde Prosts Comeback zu einem Beweis für den unerschütterlichen Geist eines Champions - ein Beweis für seine Fähigkeit, sich anzupassen, sich weiterzuentwickeln und Widrigkeiten zu überwinden, um Größe zu erreichen. Für Senna war es eine Erinnerung daran, dass kein noch so großer technologischer Vorsprung den brennenden Wunsch auslöschen konnte, gegen alle Widrigkeiten siegreich hervorzugehen.

Als der Kampf zwischen Senna und Prost seinen Höhepunkt erreichte, war die Bühne für einen

Showdown bereitet, der als einer der legendärsten Momente des Sports in die Geschichte der Formel 1 eingehen sollte - ein Moment, der ihre Namen für immer in die Annalen der Unsterblichkeit des Motorsports einbrennen sollte.

Sennas Widerstandsfähigkeit

Obwohl Ayrton Senna während der gesamten Saison 1993 mit erheblichen technologischen Nachteilen konfrontiert war, waren seine Leistungen auf der Strecke nichts weniger als außergewöhnlich. Senna, der jetzt für McLaren fährt, ein Team, das Schwierigkeiten hat, mit Williams Schritt zu halten, bewies seine Widerstandsfähigkeit und unerschütterliche Entschlossenheit, auf dem höchsten Niveau des Sports zu konkurrieren.

Einer der herausragenden Momente in Sennas Saison war der Große Preis von Europa in Donington Park - ein Rennen, das als einer seiner größten Triumphe in die Geschichte eingehen sollte. Bei tückischen nassen Bedingungen zeigte Sennas Beherrschung der rutschigen Strecke seine volle Meisterschaft. Von Startplatz vier gestartet, bahnte er sich schnell seinen Weg durch das Feld und führte waghalsige Überholmanöver mit atemberaubender Präzision aus. Innerhalb der ersten Runde hatte sich Senna an die Spitze katapultiert und seine Konkurrenten hinter sich gelassen. Seine Fähigkeit, Grip zu finden, wo andere Schwierigkeiten hatten, war einfach faszinierend - ein wahrer Beweis für sein unvergleichliches Können und seine Expertise bei Regenrennen.

Im Rückblick auf seine Leistung nach dem Rennen sprach Senna von seinem größten Rennen, einem Moment, in dem er seine Fähigkeiten in ihrer reinsten Form zeigen konnte. Seine Meinung wurde von Fans und Experten gleichermaßen geteilt, die seine Fähigkeit bewunderten, die maximale Leistung aus einem Auto herauszuholen, das bei weitem nicht das Beste in der Startaufstellung war.

Während der gesamten Saison zeigte Senna seine Widerstandsfähigkeit und Entschlossenheit, als er allen Widrigkeiten trotzte und gegen alle Widrigkeiten um den Sieg kämpfte. Seine Siege waren nicht nur ein Beweis für sein Können hinter dem Lenkrad, sondern auch ein Symbol für seinen unnachgiebigen Geist und sein unerschütterliches Engagement für Spitzenleistungen. Trotz der technologischen Kluft zwischen seinem McLaren und den dominanten Williams-Autos brachte Sennas

Brillanz auf der Strecke ihm die Bewunderung und den Respekt von Fans und Rivalen gleichermaßen ein und festigte seinen Status als einer der größten Fahrer in der Geschichte der Formel 1.

Die Prost-Senna Dynamic

In der Saison 1993 hatte sich die Dynamik zwischen Alain Prost und Ayrton Senna grundlegend verändert. Was einst von bitterer Feindseligkeit und hartem Wettbewerb geprägt war, hatte sich zu einer nuancierteren und respektvolleren Rivalität entwickelt - ein Beweis für die Reife und den gegenseitigen Respekt, der sich zwischen zwei der größten Formel-1-Fahrer entwickelt hatte.

Vorbei waren die Zeiten erbitterter Fehden und kleinlicher Streitereien. An ihre Stelle trat eine neu entdeckte Wertschätzung für die Talente und Beiträge des anderen zum Sport. Prost, der Mitte der Saison über ihre Beziehung nachdachte, erkannte die entscheidende Rolle an, die Senna bei der Gestaltung seiner Karriere gespielt hatte. "Wir haben uns gegenseitig auf ein Niveau gebracht, das wir ohne den anderen vielleicht nicht erreicht hätten", bemerkte er und erkannte die symbiotische Natur ihres Wettbewerbs und den tiefgreifenden Einfluss, den dies auf ihre jeweilige Laufbahn hatte.

Auf der Strecke blieben ihre Kämpfe so erbittert wie eh und je, aber es gab ein spürbares Gefühl der gegenseitigen Bewunderung und des Respekts, das ihre Begegnungen durchdrang. Jede Runde war ein Beweis für die unerschütterliche Entschlossenheit und das Können zweier Fahrer auf dem Höhepunkt ihrer Kräfte, die sich selbst und einander zu neuen Höchstleistungen anspornten.

Als Prost beim Großen Preis von Portugal seine vierte Weltmeisterschaft gewann, sprach Sennas Geste der Glückwünsche Bände über die Reife und den Respekt, die ihre Beziehung geprägt hatten. Trotz ihrer geschichtsträchtigen Geschichte der Rivalität war Senna einer der ersten, der seine Glückwünsche aussprach – eine Geste, die sowohl ein Zeichen der Reife als auch eine Anerkennung des gegenseitigen Respekts war, der im Laufe der Jahre zwischen ihnen gewachsen war.

Am Ende war die Prost-Senna-Dynamik von 1993 ein Beweis für die anhaltende Kraft des Sports, Rivalität zu überwinden und gegenseitiges Verständnis und Respekt zu fördern. Als sie gemeinsam auf dem Podium standen und ihre Rivalität nun durch gegenseitige Bewunderung gemildert wurde, war klar, dass ihr Vermächtnis noch lange nach dem letzten Fall der Zielflagge Bestand haben würde.

Das Ende einer Ära

Als sich die Saison 1993 dem Ende näherte, ging auch die aktive Rivalität zwischen Ayrton Senna und Alain Prost zu Ende – eine epische Saga, die eine Ära in der Formel 1 geprägt hatte. Für Prost brachte das Ende der Saison die Ankündigung seines Rücktritts aus dem Sport mit sich, was den Abschluss einer bemerkenswerten Karriere markierte, in der er zu einem der erfolgreichsten Fahrer der Geschichte aufgestiegen war. Währenddessen blickte Senna auf ein neues Kapitel mit Williams voraus, hoffnungsvoll für die Zukunft, aber ohne sich der tragischen Ereignisse bewusst zu sein, die sich 1994 bald entfalten würden.

In ihrem letzten gemeinsamen Rennen beim Großen Preis von Australien teilten sich Senna und Prost erneut das Podium - ein passender und ergreifender Abschluss ihrer geschichtsträchtigen Rivalität. Als sie Seite an Seite standen und ihre Differenzen beiseite legten, lag ein spürbares Gefühl des gegenseitigen Respekts und der Bewunderung in der Luft. In einem Moment, der Bände über die Bindung sprach, die sie im Laufe der Jahre geknüpft hatten, umarmten sich Senna und Prost – eine Geste, die als gegenseitige Anerkennung der gemeinsamen Reise und der unauslöschlichen

Spuren, die sie im Sport hinterlassen hatten, diente.

"Es war ein Vergnügen, gegen dich anzutreten", sagte Senna zu Prost, und seine Worte trugen das Gewicht ihrer gemeinsamen Geschichte und den tiefgreifenden Einfluss ihrer Rivalität auf die Welt des Motorsports mit sich. Für einen kurzen Moment, als sie gemeinsam auf dem Podium standen, verblassten alle Feindseligkeiten und Spannungen der vergangenen Jahre und wurden durch ein Gefühl der Kameradschaft und gegenseitigen Wertschätzung für die Talente und Beiträge des anderen zu dem Sport, den sie liebten, ersetzt.

Als die Sonne für ihr letztes gemeinsames Rennen unterging, markierte dies nicht nur das Ende einer Ära, sondern auch den Beginn eines neuen Kapitels in der Geschichte der Formel 1 - eines, das für immer vom Vermächtnis zweier ihrer größten Champions geprägt sein sollte.

Kapitel 8: Vermächtnis der Legenden

Als die Motoren nach den intensiven Saisons der Rivalität ruhiger wurden, blieb der Einfluss von Ayrton Senna und Alain Prost auf die Formel 1 und auf die Karrieren des jeweils anderen eine lebendige und prägende Geschichte. Ihre Rivalität hatte die üblichen Wettbewerbsgrenzen überschritten und nicht nur ihren eigenen Weg, sondern auch die breitere Landschaft des Motorsports beeinflusst. Die Saison 1993 diente als ergreifender Abschluss ihrer Kämpfe auf der Strecke, aber die Geschichte ihrer Rivalität hallte weiterhin durch die Annalen der Renngeschichte.

Das technologische Wettrüsten

Die Ära, die von der Rivalität zwischen Ayrton Senna und Alain Prost in der Formel 1 geprägt war, war nicht nur von ihren erbitterten Kämpfen auf der Strecke geprägt, sondern auch von bedeutenden technologischen Fortschritten, die den Sport in dieser Zeit prägten. Ihr unermüdliches Streben nach dem Sieg trieb ihre jeweiligen Teams – McLaren und Williams, später Ferrari für Prost – dazu, die Grenzen der Innovation zu erweitern, was zu einem technologischen Wettrüsten führte, wie es es noch nie zuvor gegeben hatte.

Während dieser Ära erlebte die Formel 1 die Einführung und Verfeinerung bahnbrechender Technologien, die die Zukunft des Sports prägen sollten. Halbautomatische Getriebe, aktive Federungssysteme und Traktionskontrolle waren nur einige Beispiele für die Innovationen, die die Art und Weise, wie Autos konstruiert und auf der Rennstrecke betrieben wurden, revolutionierten.

"Die Autos, die wir fuhren, waren unglaubliche Maschinen, der Höhepunkt dessen, was die Technologie zu dieser Zeit erreichen konnte", erinnerte sich Prost in einem späteren Interview an die technologischen Wunderwerke ihrer Zeit. "Unsere Rivalität hat diesen Fortschritt vorangetrieben; Wir haben die Grenzen dieser Technologien getestet, weil wir uns ständig gegenseitig an den Rand gedrängt haben."

In der Tat diente der Wettbewerbsgeist zwischen Senna und Prost als Katalysator für Innovationen und trieb die Teams an, neue Wege zu erkunden und innovative Lösungen zu entwickeln, um sich einen Wettbewerbsvorteil zu verschaffen. Jeder neue technologische Fortschritt versprach eine verbesserte Leistung und höhere Geschwindigkeit, was den Kampf um die Vorherrschaft auf der Rennstrecke weiter verschärfte.

Als Senna und Prost sich selbst und einander zu neuen Höhen trieben, wurde ihre Rivalität nicht nur zu einem Wettstreit um Geschicklichkeit und Geschwindigkeit, sondern auch zu einem Schaufenster des Einfallsreichtums und der Kreativität, die die Formel 1 in einer ihrer transformativsten Ära auszeichneten. Am Ende ging ihr Vermächtnis weit über die Trophäen und Auszeichnungen hinaus, die sie anhäuften - es war ein Beweis für den anhaltenden Geist der Innovation und des Fortschritts, der den Sport bis heute vorantreibt.

Sicherheit und Vermächtnis

Die intensive Rivalität zwischen Ayrton Senna und Alain Prost während ihrer Zeit in der Formel 1 führte auch zu einer deutlichen Verschiebung des Fokus auf die Sicherheit innerhalb des Sports. Der tragische Unfall, der Senna 1994 in Imola das Leben kostete und sich nur ein Jahr nach Prosts Rücktritt ereignete, erinnerte eindringlich an die Gefahren des Motorsports und führte zu tiefgreifenden Veränderungen in der Art und Weise, wie die

Formel 1 mit der Sicherheit ihrer Fahrer, Strecken und Autos umging.

Sennas vorzeitiger Tod sandte Schockwellen durch die Welt des Motorsports und führte zu einer Zeit des tiefen Nachdenkens und der Gewissenserforschung innerhalb der Formel-1-Community. Nach der Tragödie wurde kollektiv erkannt, dass mehr getan werden musste, um das Leben der Fahrer zu schützen und ihre Sicherheit auf der Strecke zu gewährleisten.

Für Prost war Sennas Tod ein verheerender Schlag und eine schmerzliche Erinnerung an die Risiken, denen er und sein Rivale während ihrer intensiven Kämpfe auf der Strecke ausgesetzt waren. "Wir haben zu spät gelernt, dass unsere Rivalität ihren Preis hat", gestand Prost und räumte die weitreichenden Auswirkungen ihres Wettbewerbs ein. "Es musste sicherer sein, und leider musste man Ayrton verlieren, um das zu erkennen."

Nach Sennas Unfall durchlief die Formel 1 eine Phase bedeutender Selbstbeobachtung und Reform, in der neue Sicherheitsvorschriften und Maßnahmen eingeführt wurden, um die Risiken für die Fahrer zu mindern. Es wurden Verbesserungen am Streckendesign, am Autobau und an der

Sicherheitsausrüstung vorgenommen, wobei der Schwerpunkt erneut auf dem Schutz des Lebens derjenigen lag, die es wagten, die Grenzen von Geschwindigkeit und Leistung zu überschreiten.

Das Vermächtnis von Senna und Prost geht weit über die Trophäen und Meisterschaften hinaus, die sie angehäuft haben - es ist eine Erinnerung daran, wie wichtig es ist, der Sicherheit im Motorsport Priorität einzuräumen, und an den anhaltenden Einfluss, den ihre Rivalität auf die Gestaltung der Zukunft der Formel 1 hatte. Ihr tragischer Verlust diente als Katalysator für Veränderungen und inspirierte zu einem erneuten Engagement für die Sicherheit und das Wohlergehen der Fahrer, sowohl auf als auch neben der Strecke, für kommende Generationen.

Bildungseinfluss

Über ihre Kämpfe auf der Strecke hinaus spielten sowohl Ayrton Senna als auch Alain Prost eine entscheidende Rolle bei der Gestaltung der Zukunft der Formel 1, indem sie als einflussreiche Persönlichkeiten bei der Entwicklung und Ausbildung aufstrebender Fahrer fungierten.

Prosts methodischer und strategischer Ansatz

diente als Blaupause für Fahrer, die Präzision und kalkulierte Entscheidungsfindung über rohe Aggression stellten. Seine akribische Liebe zum Detail und seine Fähigkeit, die Ergebnisse durch strategische Planung zu maximieren, setzten einen Standard für Exzellenz, dem aufstrebende Fahrer nacheifern wollten.

Auf der anderen Seite fesselte Sennas waghalsiger und intuitiver Rennstil die Fantasie einer Generation von Fahrern, die den Geist des Fahrers als untrennbar mit der Kontrolle seiner Maschine verbunden sahen. Seine Fähigkeit, die Grenzen des Möglichen auf der Strecke zu erweitern, inspirierte eine Legion junger Rennfahrer, die inhärenten Risiken des Motorsports anzunehmen und nach Größe zu streben.

Jahre später, selbst als neue Champions in der Formel-1-Szene auftauchten, blieb der Einfluss von Senna und Prost spürbar. Ihr Vermächtnis prägte weiterhin die Denkweise und Herangehensweise aufstrebender Fahrer und diente als dauerhafter Maßstab, an dem ihre eigenen Leistungen gemessen wurden.

"Sie waren die Titanen unseres Sports, die Maßstäbe, an denen wir uns selbst gemessen haben", bemerkte ein junger Champion in seinem Rookie-Jahr über den tiefgreifenden Einfluss, den Senna und Prost auf seine eigene Karriere hatten. "Als ich ihre Rennen sah, lernte ich die mentale Stärke kennen, die in der Formel 1 benötigt wird - die Entschlossenheit, die Widerstandsfähigkeit und der unerschütterliche Glaube an sich selbst, die ihre Größe ausmachten."

Auf diese Weise ging der pädagogische Einfluss von Senna und Prost weit über ihre individuellen Leistungen auf der Strecke hinaus, hinterließ einen unauslöschlichen Eindruck bei der nächsten Generation von Fahrern und prägte die Zukunft der Formel 1 für die kommenden Jahre.

Jenseits der Strecke

Neben ihrer harten Konkurrenz auf der Rennstrecke nutzten sowohl Ayrton Senna als auch Alain Prost ihren Ruhm und Einfluss, um außerhalb des Rennsports bedeutende Beiträge zu leisten.

Alain Prost, bekannt für seinen strategischen Ansatz im Rennsport, wandte seine analytische Denkweise auf Unternehmungen jenseits des Cockpits an. Er tauchte in die Automobilentwicklung ein und nutzte sein Fachwissen und seine Erkenntnisse, um zu

Fortschritten in der Fahrzeugtechnologie und im Design beizutragen. Darüber hinaus wechselte Prost in eine Managementposition innerhalb der Formel 1, wo er eine Schlüsselrolle bei der Gestaltung der strategischen Entwicklungen innerhalb des Sports spielte. Sein strategischer Scharfsinn und sein vorausschauender Ansatz machten ihn zu einer wertvollen Bereicherung abseits der Rennstrecke, die es ihm ermöglichte, den Sport noch lange nach seinem Rücktritt als Fahrer zu beeinflussen.

Ayrton Sennas Vermächtnis ging weit über seine Erfolge auf der Rennstrecke hinaus. Senna erkannte die Plattform, die ihm sein Ruhm bot, und widmete sich philanthropischen Bemühungen, insbesondere in seinem Heimatland Brasilien. Er kanalisierte seine Leidenschaft für Bildung und Kinderfürsorge in die Gründung des Instituto Ayrton Senna, einer Organisation, die sich für die Unterstützung von Tausenden junger Menschen durch Bildungsprogramme und -initiativen einsetzt. Sennas unerschütterliches Engagement für die Verbesserung des Lebens anderer hinterlässt weiterhin einen bleibenden Eindruck, wobei sein Institut als Leuchtfeuer der Hoffnung für unzählige Menschen in Brasilien und darüber hinaus dient.

Auf diese Weise nutzten sowohl Senna als auch Prost ihren Ruhm und Einfluss, um positive Veränderungen in Bereichen zu bewirken, die über die Grenzen der Rennstrecke hinausgingen. Ihre Beiträge zur Automobilentwicklung, zum strategischen Management und zur Philanthropie sind ein Beweis für ihr dauerhaftes Vermächtnis nicht nur als Champions des Motorsports, sondern auch als Einzelpersonen, die sich dafür einsetzen, die Welt um sie herum sinnvoll zu verändern.

Rückblick auf ihre Geschichte

Die fesselnde Erzählung der Senna-Prost-Rivalität hat das Publikum durch Dokumentationen und Filme immer wieder in ihren Bann gezogen und bietet neuen Generationen von Fans einen Einblick in eine der geschichtsträchtigsten Rivalitäten in der Geschichte des Motorsports. Diese filmischen Darstellungen gehen über das bloße Spektakel ihrer Kämpfe auf der Rennstrecke hinaus und bieten eine nuancierte Erkundung des komplexen menschlichen Dramas, das sich zwischen zwei Titanen der Formel 1 entfaltete.

Weit davon entfernt, ein einfacher Zusammenprall von Egos zu sein, wird die Senna-Prost-Geschichte als eine facettenreiche Geschichte von Respekt,

Rivalität und gegenseitigem Wachstum dargestellt. Dem Publikum wird ein Fenster in die Dynamik ihrer Beziehung geboten, die über den bloßen Wettbewerb hinausging und einen tief verwurzelten Respekt für die Talente und Leistungen des anderen umfasste. "Jede Geschichte über uns kommt immer auf unseren Respekt füreinander zurück", bemerkte Prost während eines Dokumentarfilms, der die Essenz ihrer Beziehung auf den Punkt brachte.

Durch diese filmischen Darstellungen erhalten die Zuschauer einen Einblick in die Motivationen und Emotionen, die Senna und Prost dazu brachten, die Grenzen ihres Sports zu erweitern. Ihre Rivalität wird nicht nur als Streben nach dem Sieg dargestellt, sondern als eine Reise der Selbstfindung und Selbstverbesserung. Jeder Kampf auf der Rennstrecke diente als Schmelztiegel, in dem sie sich selbst und einander auf die Probe stellten und nicht nur danach strebten, ihren Gegner zu besiegen, sondern auch ihre eigenen Grenzen zu überwinden und die beste Version ihrer selbst zu werden.

Wenn man sich die Geschichte von Senna-Prost noch einmal ansieht, wird das Publikum an die zeitlosen Lektionen erinnert, die sie über die Macht der Rivalität, die Bedeutung von Respekt und das

Streben nach Exzellenz bietet. Es ist eine Geschichte, die über Generationen hinweg nachhallt und Bewunderung und Faszination für zwei Personen weckt, die die Welt des Motorsports und darüber hinaus unauslöschlich geprägt haben.

Kapitel 9: Jenseits der Strecke

Während die legendären Kämpfe zwischen Ayrton Senna und Alain Prost auf den Rennstrecken der Formel 1 gut dokumentiert sind, erzählen ihre Auswirkungen und Aktivitäten außerhalb des Cockpits auch eine Geschichte von tiefgreifendem Einfluss und dauerhaftem Vermächtnis. In diesem Kapitel wird untersucht, wie beide Fahrer ihre Leidenschaft für den Rennsport auf breitere Initiativen ausweiteten und so einen wichtigen Beitrag zur Gesellschaft, zur Kultur des Sports und zu seinen zukünftigen Generationen leisteten.

Alain Prost: Der Innovator und Mentor

Nach seinem Rücktritt vom Rennsport blieb Alain Prost tief in der Welt des Motorsports verwurzelt und nahm neue Rollen an, die es ihm ermöglichten, weiterhin einen bedeutenden Beitrag zum Sport zu leisten.

Prosts Übergang vom Fahrer zum Berater und Teamleiter war ein Beispiel für seine anhaltende Leidenschaft für den Rennsport und seinen Wunsch, seinen Wissens- und Erfahrungsschatz an die nächste Generation von Fahrern und Teams weiterzugeben. Als Berater für mehrere Formel-1-Teams bot Prost unschätzbare Einblicke in die Rennmechanik und -strategie und nutzte sein tiefes Verständnis des Sports, um den Teams zu helfen, ihre Leistung auf der Strecke zu optimieren. Seine spätere Führungsrolle im Prost Grand Prix-Team festigte seinen Ruf als Mentor und Innovator innerhalb des Sports weiter, trotz der Herausforderungen, mit denen das Team konfrontiert war.

Über die Formel 1 hinaus bewies Prost auch einen zukunftsorientierten Ansatz, indem er sich dem aufstrebenden Feld des Elektrofahrzeugrennsports zuwandte. Prost erkannte früh das Potenzial der Formel-E-Serie und engagierte sich aktiv für die Förderung eines nachhaltigen Motorsports und die Förderung der Einführung von Elektrofahrzeugen. Sein Engagement in diesem aufstrebenden Bereich unterstrich sein Engagement für technologische Innovation und ökologische Nachhaltigkeit. "Die Zukunft des Rennsports und unsere Umwelt sind untrennbar miteinander verbunden", bemerkte Prost und betonte, wie wichtig es ist, nachhaltigere Praktiken im Motorsport einzuführen.

Durch sein kontinuierliches Engagement im

Rennsport und sein Eintreten für Nachhaltigkeit bekräftigte Alain Prost seinen Status als Pionier in der Welt des Motorsports. Sein Vermächtnis als Innovator und Mentor inspiriert weiterhin die nächste Generation von Fahrern und Teams und hinterlässt unauslöschliche Spuren in dem Sport, dem er sein Leben gewidmet hat.

Ayrton Senna: Ein Vermächtnis von Leidenschaft und Philanthropie

Der frühe Tod von Ayrton Senna im Jahr 1994 hinterließ eine unersetzliche Lücke in der Welt der Formel 1, aber sein bleibendes Vermächtnis reichte weit über den Motorsport hinaus. Sein ganzes Leben lang war Sennas unerschütterliches Engagement für sein Heimatland Brasilien spürbar, und sein Engagement, das Leben der Bürger positiv zu beeinflussen, wurde durch die Gründung des Instituto Ayrton Senna veranschaulicht.

Das Instituto Ayrton Senna wurde von Sennas Familie als Hommage an sein Andenken und seine tiefe Leidenschaft für die brasilianische Jugend gegründet und ist zu einem Leuchtfeuer der Hoffnung und der Chancen für unzählige unterprivilegierte Kinder in ganz Brasilien geworden. Im Kern widmet sich das Institut der

Bereitstellung hochwertiger Bildung für diejenigen, die sie am dringendsten benötigen, mit dem übergeordneten Ziel, Wege für persönliches und berufliches Wachstum für zukünftige Generationen zu schaffen.

Auch während seiner glanzvollen Rennkarriere war sich Senna der Herausforderungen seiner Heimat bewusst. "Ich kann die Schwierigkeiten, mit denen mein Land konfrontiert ist, nicht ignorieren; Mein Erfolg ermöglicht es mir, etwas zurückzugeben und denen zu helfen, die es am meisten brauchen", bemerkte Senna einmal und unterstrich damit sein tiefes Verantwortungsgefühl gegenüber seinen brasilianischen Landsleuten. Seine philanthropischen Bemühungen durch das Institut dienen als Beweis für sein dauerhaftes Vermächtnis von Mitgefühl, Großzügigkeit und unerschütterlichem Engagement für die Verbesserung der Gesellschaft.

Seit seiner Gründung hat das Instituto Ayrton Senna das Leben von Millionen von Kindern beeinflusst und ihnen die Werkzeuge und Möglichkeiten an die Hand gegeben, die sie benötigen, um ihr volles Potenzial auszuschöpfen. Durch Initiativen, die sich auf Bildung, Innovation und soziale Entwicklung konzentrieren, prägt Sennas Vermächtnis weiterhin die Zukunft Brasiliens und beweist, dass sein Einfluss die Grenzen des Motorsports überschreitet und bei Menschen aus allen Gesellschaftsschichten großen Anklang findet.

Auf diese Weise dient Ayrton Sennas Vermächtnis als eindringliche Erinnerung an den tiefgreifenden Einfluss, den ein Einzelner auf die Welt haben kann, und inspiriert Hoffnung, Transformation und dauerhafte Veränderungen für kommende Generationen.

Kulturelle Ikonen und Medieneinfluss

Sowohl Ayrton Senna als auch Alain Prost haben die Grenzen der Formel 1 überschritten und unauslöschliche Spuren in der Popkultur und in den Medien hinterlassen. Ihr ikonischer Status als Sportlegenden wurde in verschiedenen Medien verewigt, die jeweils einzigartige Einblicke in ihr Leben, ihre Karriere und ihr bleibendes Vermächtnis bieten.

Insbesondere Senna war Gegenstand zahlreicher Dokumentationen und Filme, die für ihre Darstellung seiner Rennsportbrillanz und seiner tiefgreifenden menschlichen Qualitäten weithin gelobt wurden. Diese filmischen Werke feiern nicht nur Sennas unvergleichliches Talent auf der Rennstrecke, sondern tauchen auch in die Tiefen seiner persönlichen Philosophie und Werte ein und bieten dem Publikum einen Einblick in das Innenleben eines wahren Sporthelden. Durch diese Darstellungen wurde Sennas Vermächtnis als globale Ikone gefestigt und findet bei einem Publikum weit über den Bereich der Formel-1-Enthusiasten hinaus Anklang.

Im Gegensatz dazu wurden Prosts Beiträge zum Motorsport aus einer anderen Perspektive gefeiert, wobei seine technischen Erkenntnisse und sein strategisches Genie in Büchern, Interviews und Podiumsdiskussionen untersucht wurden. Seine analytische Herangehensweise an den Rennsport wurde untersucht und seziert und dient als wertvolle Ressource für Enthusiasten und Wissenschaftler gleichermaßen. Darüber hinaus hat Prosts strategischer Scharfsinn die Welt des Motorsports überschritten und Anwendungen in Geschäfts- und Führungskontexten gefunden, wo seine Methoden analysiert und angepasst wurden, um unternehmerische und persönliche Herausforderungen zu bewältigen.

Zusammen unterstreichen die kulturellen Repräsentationen von Senna und Prost ihren anhaltenden Einfluss und Einfluss auf die Populärkultur, die Medien und die Gesellschaft insgesamt. Ob durch filmische Darstellungen oder wissenschaftliche Analysen, ihr Vermächtnis inspiriert und fesselt weiterhin das Publikum auf der ganzen Welt und hinterlässt einen unauslöschlichen Eindruck im kollektiven Bewusstsein vergangener, gegenwärtiger und zukünftiger Generationen.

Der Einfluss auf zukünftige Generationen

Das bleibende Vermächtnis von Ayrton Senna und Alain Prost geht weit über ihre Erfolge auf der Rennstrecke hinaus und prägt die Bestrebungen und Ambitionen zukünftiger Generationen von Fahrern, die sie sowohl als Champions als auch als Vorbilder betrachten. Der Einfluss von Senna und Prost auf moderne Rennfahrer ist spürbar, und viele nennen ihre Rennen und Rivalitäten als ständige Quelle der Inspiration und des Lernens.

Für moderne Fahrer dienen die Heldentaten von Senna und Prost als Wegweiser bei der Navigation durch die Komplexität des professionellen Rennsports. Ihre bemerkenswerten Leistungen und ihre strategische Brillanz sind unschätzbare Lektionen in Bezug auf Widerstandsfähigkeit, Entschlossenheit und Sportsgeist. Wenn junge Fahrer mit herausfordernden Situationen auf der Strecke konfrontiert werden, greifen sie oft auf die Vorbilder von Senna und Prost zurück und versuchen, ihre Gelassenheit, ihr Können und ihr unerschütterliches Engagement für Spitzenleistungen nachzuahmen.

In Interviews und öffentlichen Stellungnahmen drücken aufstrebende F1-Fahrer häufig ihre Bewunderung für Senna und Prost aus und erkennen den tiefgreifenden Einfluss ihrer Karrieren auf ihre eigene Laufbahn an. "Jedes Mal, wenn ich auf der Strecke mit einer schwierigen Situation konfrontiert werde, denke ich darüber nach, wie Senna oder Prost damit umgegangen wären", bemerkte ein junger Fahrer und brachte damit die Meinung auf den Punkt, die von vielen in der Rennsportgemeinschaft geteilt wird. Die anhaltende Resonanz ihrer Karrieren ist ein Beweis für das anhaltende Vermächtnis von Senna und Prost und inspiriert zukünftige Generationen, nach Größe zu streben und die Werte Integrität, Hingabe und Sportsgeist aufrechtzuerhalten, die ihre geschichtsträchtige Rivalität ausmachten.

Kapitel 10: Reflexionen und Erinnerungen

Während die Motoren abkühlen und das Brüllen der Menge in Echos übergeht, wird das Vermächtnis von Ayrton Senna und Alain Prost nicht nur für die Rekorde gefeiert, die sie aufgestellt haben, oder für die Meisterschaften, die sie gewonnen haben, sondern auch für die unauslöschlichen Spuren, die sie in den Herzen und Köpfen derer hinterlassen haben, die sie berührt haben - sowohl innerhalb als auch außerhalb der Welt der Formel 1. Dieses Kapitel versammelt Reflexionen und Erinnerungen von denen, die sie kannten, gegen sie antraten und sich von ihnen inspirieren ließen, und webt einen reichen Teppich über die anhaltende Wirkung ihrer Rivalität und Freundschaft.

Stimmen aus dem Fahrerlager

Stimmen aus dem Fahrerlager bieten unschätzbare Perspektiven auf die dynamische und facettenreiche Beziehung zwischen Ayrton Senna und Alain Prost und beleuchten, wie es war, mit zwei der größten Fahrer in der Geschichte der Formel 1 zusammenzuarbeiten. Ingenieure, Teamchefs, Teamkollegen und Rivalen aus ihrer Zeit geben einzigartige Einblicke in die unverwechselbaren Qualitäten, die Senna und Prost als Fahrer und Individuen ausmachten.

Für diejenigen, die das Privileg hatten, mit Ayrton Senna zusammenzuarbeiten, war die Erfahrung von einem unerbittlichen Streben nach Exzellenz geprägt. Ein ehemaliger McLaren-Ingenieur erinnert sich gerne: "Mit Ayrton zu arbeiten bedeutete, ständig dazu gedrängt zu werden, das zu übertreffen, was man für möglich hielt." Sennas Präsenz im Teamumfeld war elektrisierend, sein unstillbarer Wunsch nach Verbesserung diente als treibende Kraft hinter dem unermüdlichen Streben nach Erfolg. Seine akribische Liebe zum Detail und sein unermüdliches Streben nach Perfektion inspirierten die Menschen um ihn herum, ihre Leistung auf beispiellose Höhen zu heben, während sie danach strebten, die hohen Standards der brasilianischen Rennsportikone zu erfüllen.

Im Gegensatz dazu hinterließ Alain Prosts Herangehensweise an den Rennsport einen deutlichen Eindruck bei denen, die die Möglichkeit hatten, mit ihm zusammenzuarbeiten. Prost wurde als strategischer Denker mit einer methodischen Herangehensweise an sein Handwerk beschrieben und für seine Fähigkeit verehrt, die Komplexität jeder Rasse zu antizipieren und sich an sie anzupassen. "Alain war ein Denker, der den anderen immer zwei Schritte voraus war", erinnert sich ein ehemaliger Teamstratege aus seiner Zeit bei Renault. Prosts unvergleichliche Fähigkeit, ein Rennen zu lesen und kalkulierte Entscheidungen zu treffen, hob ihn von seinen Kollegen ab und brachte ihm den Ruf eines meisterhaften Taktikers sowohl auf als auch neben der Strecke ein. Sein methodischer Ansatz bei der Rennvorbereitung und sein unerschütterlicher Fokus auf die Strategie lieferten unschätzbare Einblicke in die komplizierten Nuancen des Formel-1-Rennsports und hinterließen einen unauslöschlichen Eindruck bei denen, die das Privileg hatten, seine Brillanz aus erster Hand zu erleben.

Durch die Perspektiven derjenigen, die eng mit ihnen zusammengearbeitet haben, wird das Vermächtnis von Ayrton Senna und Alain Prost beleuchtet und bietet ein tieferes Verständnis für die Qualitäten, die sie als Fahrer und Individuen definiert haben. Ob durch Sennas unermüdliches Streben nach Perfektion oder Prosts strategische Brillanz, ihr Einfluss auf die Formel 1 geht über die Grenzen der Rennstrecke hinaus, inspiriert Generationen von Rennsportbegeisterten und prägt das kollektive Bewusstsein des Sports für die kommenden Jahre.

Die Rivalen sprechen

Die Stimmen von Fahrerkollegen, die sich die Strecke mit Ayrton Senna und Alain Prost teilten, bieten unschätzbare Einblicke in die Natur ihrer Rivalität und betonen sowohl ihre Intensität als auch den gegenseitigen Respekt, der ihr zugrunde lag. Nigel Mansell, der sich seine eigenen erbitterten Kämpfe mit beiden Fahrern lieferte, fängt eloquent die Essenz des Wettbewerbs gegen Senna und Prost ein. "Gegen Ayrton und Alain zu fahren, war wie die beste Schule, die man sich in der Formel 1 wünschen kann", erinnert sich Mansell. "Man lernte schnell, oder man hat nicht gewonnen. So einfach ist das." Mansells Analogie unterstreicht die gewaltige Herausforderung für Senna und Prost, deren unermüdlicher Wettbewerb und außergewöhnliches Können von ihren Konkurrenten nicht weniger als ein Höchstmaß an Hingabe und Anpassungsfähigkeit verlangten.

Gerhard Berger, der als Sennas Teamkollege bei McLaren diente, bietet eine persönlichere Perspektive auf die brasilianische Rennsport-Ikone. "Ayrton war sehr wettbewerbsorientiert, sogar in einem Kartenspiel!" Berger erinnert sich mit einem

Hauch von Belustigung. "Aber er hatte ein großes Herz, das Herz eines Champions, im Rennsport und im Leben." Bergers Reflexion bietet einen Einblick in Sennas facettenreichen Charakter und hebt nicht nur seine wilde Entschlossenheit auf der Rennstrecke hervor, sondern auch seine Fähigkeit zu Empathie und Großzügigkeit abseits der Rennstrecke. Trotz des intensiven Wettbewerbs zwischen ihnen unterstreichen Bergers Worte die Bewunderung und den Respekt, den er für seinen Teamkollegen hegte, und erkannten Sennas Qualitäten sowohl als Rennfahrer als auch als Mensch an.

Durch die Worte von Fahrerkollegen, die mit ihnen in der Startaufstellung standen, wird das Vermächtnis von Ayrton Senna und Alain Prost bereichert und bietet ein tieferes Verständnis für den tiefgreifenden Einfluss, den sie auf ihre Kollegen und den Sport der Formel 1 als Ganzes hatten. Ob durch Geschichten über intensiven Wettbewerb oder Momente der Kameradschaft, ihre Rivalität fesselt und inspiriert weiterhin und hinterlässt unauslöschliche Spuren in den Annalen der Motorsportgeschichte.

Vermächtnis durch eine Linse

Fotografen und Journalisten, die die Karrieren von Ayrton Senna und Alain Prost dokumentiert haben, geben überzeugende Einblicke in die unauslöschlichen Momente, die sie eingefangen haben und die als bleibende Zeugnisse des dauerhaften Vermächtnisses dieser legendären Fahrer dienen. Von Sennas heldenhaftem Sieg in Brasilien 1991 bis zu Prosts kalkuliertem Meistertitel 1986 berichten diese Fotografen und Journalisten aus erster Hand, wie sie miterlebt haben, wie sich die Geschichte vor ihrer Linse entfaltet.

Ein Fotograf erinnert sich an die ergreifende Szene von Sennas Triumph in Brasilien im Jahr 1991, als der brasilianische Fahrer körperliche Qualen überwand, um sich den Sieg zu sichern. "Ayrtons Triumph in Brasilien einzufangen und ihn erschöpft, aber ekstatisch zu sehen, war Zeuge eines Moments reinen menschlichen Geistes", erzählt der Fotograf. Mit diesem ikonischen Moment verewigte der Fotograf nicht nur Sennas bemerkenswerte Ausdauerleistung, sondern auch die Essenz seiner unerschütterlichen Entschlossenheit und seines unbezwingbaren Willens, allen Widrigkeiten zum Trotz erfolgreich zu sein.

In ähnlicher Weise reflektieren Journalisten, die über Prosts Karriere berichteten, über seinen kalkulierten Antrieb, 1986 die Meisterschaft zu gewinnen, bei dem er mit charakteristischer Präzision und strategischem Scharfsinn durch schwierige Bedingungen navigierte. Prosts Fähigkeit, unter Druck die Ruhe zu bewahren und fehlerfrei zu arbeiten, wenn es darauf ankam, hinterließ einen unauslöschlichen Eindruck bei denen, die seine Leistung beim Titelgewinn aus erster Hand miterlebten. Durch ihre Anekdoten und Erinnerungen geben diese Journalisten einen Einblick in die strategische Brillanz und die stählerne Entschlossenheit, die Prost als Wettkämpfer und Champion auszeichneten.

Durch die Linse von Fotografen und die Worte von Journalisten wird das Vermächtnis von Ayrton Senna und Alain Prost bewahrt und in den Bildern und Geschichten verewigt, die die Essenz ihrer bemerkenswerten Karrieren einfangen. Diese ikonischen Momente dienen als bleibende Erinnerung an die anhaltenden Auswirkungen ihrer Rivalität und den tiefgreifenden Einfluss, den sie weiterhin auf die Welt des Motorsports ausüben.

Familie und Freunde

Die intimen Einblicke von Familienmitgliedern und engen Freunden von Ayrton Senna und Alain Prost geben einen Einblick in die persönlichen Motivationen und Werte, die diese legendären Fahrer auf und neben der Rennstrecke angetrieben haben. Viviane Senna, Ayrtons Schwester, teilt ergreifende Reflexionen über die anhaltende Liebe ihres Bruders zu Brasilien und sein unerschütterliches Engagement für seine Kinder, die schließlich zur Gründung des Instituto Ayrton Senna führten. "Ayrton glaubte an das Potenzial – das Potenzial von Menschen, sich zu verändern, zu wachsen und etwas zu erreichen", reflektiert Viviane Senna. "Sein Vermächtnis ist ein Beweis für diesen Glauben." Durch Vivianes Worte erhalten wir einen Einblick in Sennas tiefes Zielbewusstsein und seinen Wunsch, andere zu befähigen, ihr eigenes Potenzial auszuschöpfen, ein Vermächtnis, das durch die transformative Arbeit des Instituto Ayrton Senna weiterhin unzählige Menschen inspiriert und aufrichtet.

Auf der Seite von Prost bietet Nicolas Prost, Alains Sohn, tiefherzige Reflexionen über die unschätzbaren Lektionen, die sein Vater vermittelt hat. "Er hat mir beigebracht, dass es beim

Rennsport nicht nur um Geschwindigkeit geht. Es geht um Intelligenz, Geduld und Timing", teilt Nicolas Prost mit. "Er hat das nicht nur auf der Strecke angewendet, sondern bei allem, was er tat." Nicolas' Worte beleuchten Alain Prosts facettenreiche Herangehensweise an den Rennsport und betonen die Bedeutung von strategischem Denken, Disziplin und Anpassungsfähigkeit, um sowohl auf als auch neben der Rennstrecke erfolgreich zu sein. Durch die Linse von Familienmitgliedern und engen Freunden gewinnen wir eine tiefere Wertschätzung für die komplexen Persönlichkeiten und das bleibende Vermächtnis von Ayrton Senna und Alain Prost, deren Einfluss über den Bereich des Motorsports hinausgeht und das Leben unzähliger Menschen auf der ganzen Welt berührt.

Fazit: Echos der Rivalität

In der Welt der Formel 1 klingen die Namen Ayrton Senna und Alain Prost nicht nur als Echos einer geschichtsträchtigen Vergangenheit nach, sondern auch als immerwährende Symbole für Exzellenz und Rivalität. Dieses letzte Kapitel untersucht den anhaltenden Einfluss ihrer legendären Duelle und untersucht, wie ihre Geschichten in das Gefüge der heutigen Rennwelt eingewoben sind und wie sie weiterhin neue Generationen inspirieren.

Die Entwicklung der Formel 1

Die Ära von Ayrton Senna und Alain Prost markierte eine entscheidende Phase in der Entwicklung der Formel 1, die von bedeutenden technologischen Fortschritten und Sicherheitsverbesserungen geprägt war, die die moderne Landschaft des Sports weiterhin prägen. Der intensive Wettbewerb zwischen Senna und Prost zog nicht nur die Fans in seinen Bann, sondern trieb auch die Innovation innerhalb des Sports voran und veranlasste die Teams, schnellere, sicherere und effizientere Rennmaschinen zu entwickeln.

Die technologischen Innovationen, die während der

Senna-Prost-Ära eingeführt wurden, haben ein bleibendes Vermächtnis in der Formel 1 hinterlassen. Die heutigen Autos mit ihren Hybridmotoren, der fortschrittlichen Aerodynamik und den hochmodernen Sicherheitssystemen sind direkte Nachfahren der Fortschritte, die in dieser Ära erzielt wurden. "Jedes Mal, wenn wir eine bessere Sicherheitsausrüstung entwickeln oder die Aerodynamik unserer Autos verbessern, bauen wir auf dem Fundament auf, das sie mit gelegt haben", bemerkt ein aktueller Formel-1-Ingenieur. Dieses Gefühl unterstreicht den tiefgreifenden Einfluss, den Senna und Prost auf die Gestaltung der technologischen Landschaft des Sports hatten, mit ihrem unermüdlichen Streben nach Exzellenz, das kontinuierliche Innovation und Verbesserung vorantreibt.

Darüber hinaus hatte die Betonung der Sicherheit, die während der Senna-Prost-Ära eingeführt wurde, weitreichende Auswirkungen auf die Formel 1. Die tragischen Unfälle, die sich in dieser Zeit ereigneten, darunter Sennas tödlicher Unfall in Imola im Jahr 1994, führten zur Einführung strenger Sicherheitsmaßnahmen, die darauf abzielten, die Fahrer zu schützen und die allgemeine Sicherheit des Sports zu erhöhen. Von verbesserten Crashstrukturen bis hin zu verbesserten

Sicherheitsfunktionen im Cockpit haben die Sicherheitsfortschritte, die in dieser Ära eingeführt wurden, dazu beigetragen, die mit Hochgeschwindigkeitsrennen verbundenen Risiken zu mindern und sicherzustellen, dass die Fahrer mit mehr Selbstvertrauen und Sicherheit auf der Strecke antreten können.

Im Wesentlichen stellt die Senna-Prost-Ära eine transformative Periode in der Geschichte der Formel 1 dar, in der der intensive Wettbewerb zwischen zwei legendären Fahrern technologische Innovationen und Sicherheitsverbesserungen vorantrieb, die den Sport bis heute prägen. Während sich die Formel 1 weiterentwickelt und an neue Herausforderungen anpasst, ist das anhaltende Vermächtnis von Senna und Prost ein Beweis für ihren anhaltenden Einfluss auf den Sport und ihren Status als echte Pioniere der Formel 1.

Lehrmittel und Schulungen

Die Rivalität zwischen Ayrton Senna und Alain Prost dient weiterhin als wertvolles Lehrmittel und Inspirationsquelle für aufstrebende Rennfahrer in Akademien auf der ganzen Welt. Ihre Rennen werden akribisch auf ihre strategische Tiefe und waghalsige Ausführung untersucht und bieten wertvolle Lektionen in der Kunst des Rennsports.

Junge Fahrer analysieren Sennas furchtlose Überholmanöver und Prosts strategischen Einsatz von Kraftstoff und Reifen und erkennen, dass Erfolg in der Formel 1 nicht nur körperliches Können, sondern auch mentale Stärke und strategischen Scharfsinn erfordert. "Ayrton und Alain haben uns beigebracht, dass Rennen genauso sehr im Kopf wie auf der Strecke stattfinden", erinnert sich ein junger Fahrer an einer Rennakademie. "Wir sehen uns ihre Rennen nicht nur zur Unterhaltung an, sondern auch, um von den Besten zu lernen."

In der Tat dienen die Rennen zwischen Senna und Prost als Meisterklasse in Renntaktik und -strategie und bieten unschätzbare Einblicke in die Denkweise und Entscheidungsprozesse von zwei der größten Champions des Sports. Durch das Studium ihrer Rennen und die Analyse ihrer Techniken erhalten junge Fahrer ein tieferes Verständnis für die Komplexität des Formel-1-Rennsports und statten sie mit dem Wissen und den Fähigkeiten aus, die sie benötigen, um in der hart umkämpften Welt des Motorsports erfolgreich zu sein.

Während die Rennakademien weiterhin Lehren aus

der Senna-Prost-Ära in ihre Trainingsprogramme einfließen lassen, lebt das Vermächtnis dieser beiden legendären Fahrer weiter und inspiriert zukünftige Generationen von Rennfahrern, die Grenzen des Möglichen auf der Strecke zu verschieben und in ihrer eigenen Rennkarriere nach Größe zu streben.

Kulturelle Auswirkungen

Die Rivalität zwischen Ayrton Senna und Alain Prost hat die Grenzen der Formel 1 überschritten und einen erheblichen Einfluss auf die Popkultur gehabt. Ihr intensiver Wettbewerb hat Dokumentationen, Filme und Bücher inspiriert, die sich mit den Feinheiten ihrer komplexen Beziehung befassen und bei einem Publikum weit über den Motorsport hinaus Anklang finden.

Diese Erzählungen befassen sich mit Themen wie Rivalität, Widerstandsfähigkeit und Wiedergutmachung und bieten Einblicke in die menschliche Seite des Sports und die tiefgreifenden Auswirkungen, die er auf die Beteiligten haben kann. Filmemacher und Autoren fühlen sich gleichermaßen von ihrer Geschichte angezogen und erkennen ihre universelle Anziehungskraft und ihre Fähigkeit, das Publikum auf der ganzen Welt zu fesseln.

Auf Filmfestivals und in Interviews diskutieren die Macher über die anhaltende Anziehungskraft der Senna-Prost-Rivalität. "Es geht um mehr als nur um Rennen", bemerkt ein Dokumentarfilmer. "Es geht um menschlichen Ehrgeiz, Rivalität und die Kosten, die mit einem Wettbewerb mit hohem Einsatz verbunden sind." Dieses Gefühl unterstreicht die breitere kulturelle Bedeutung ihrer Geschichte, die über die Welt des Motorsports hinausgeht und Themen berührt, die bei Menschen aus allen Gesellschaftsschichten Anklang finden.

Durch Dokumentationen, Filme und Bücher hinterlässt die Rivalität zwischen Senna und Prost weiterhin einen bleibenden Eindruck in der Popkultur und dient als ergreifende Erinnerung an die Macht des Wettbewerbs, die Komplexität menschlicher Beziehungen und das bleibende Vermächtnis zweier der größten Formel-1-Champions.

Vermächtnis und Philanthropie

Das Vermächtnis von Ayrton Senna und Alain Prost reicht durch die in ihrem Namen gegründeten gemeinnützigen Stiftungen weit über die

Rennstrecke hinaus. Diese Organisationen haben weiterhin einen tiefgreifenden Einfluss auf das Leben unzähliger Menschen, verkörpern das Engagement der Fahrer für Philanthropie und geben der Gemeinschaft etwas zurück.

Das Instituto Ayrton Senna hat sich zu einer starken Kraft für Bildungsreformen und -entwicklung in Brasilien entwickelt und bietet unterprivilegierten Kindern die Möglichkeit, eine qualitativ hochwertige Bildung zu erhalten und ihre Träume zu verfolgen. Viviane Senna, die während einer Veranstaltung für das Institut leidenschaftlich sprach, fasst seine Mission zusammen: "Ayrton glaubte, dass jeder die Möglichkeit haben sollte, sein Potenzial auszuschöpfen. Sein Vermächtnis besteht darin, diese Möglichkeiten zu schaffen."

In ähnlicher Weise spiegelt Alain Prosts Engagement in verschiedenen Wohltätigkeitsorganisationen sein Engagement wider, das Leben anderer zu verändern. Ob durch die Unterstützung von Gesundheitsinitiativen, die Förderung des Umweltschutzes oder das Eintreten für soziale Anliegen, die philanthropischen Bemühungen von Prost haben weiterhin einen positiven Einfluss auf Gemeinschaften auf der ganzen Welt.

Durch ihre gemeinnützigen Stiftungen haben Senna und Prost ein bleibendes Vermächtnis des Mitgefühls, der Selbstbestimmung und der sozialen Verantwortung hinterlassen. Ihr Engagement für Philanthropie dient als dauerhafte Erinnerung an die tiefgreifende Wirkung, die Einzelpersonen haben können, wenn sie ihre Plattform zum Wohle anderer nutzen.

Blick in die Zukunft

Während die Formel 1 in die Zukunft geht, bleiben die Lehren aus der legendären Rivalität zwischen Ayrton Senna und Alain Prost von großer Bedeutung. Der Sport steht weiterhin vor der heiklen Aufgabe, den technologischen Fortschritt mit den Grundprinzipien des Rennsports in Einklang zu bringen – eine Herausforderung, der sich Senna und Prost mit beispielloser Entschlossenheit und strategischem Scharfsinn stellten.

Ihre Ära dient als fesselnde Erzählung, die die Essenz der Formel 1 verkörpert: das unermüdliche Streben nach Exzellenz, das Streben nach Innovation und die Kunst des Rennsports. Interviews mit aktuellen F1-Champions zeigen, dass das Vermächtnis von Senna und Prost die heutigen Fahrer weiterhin inspiriert und anspricht. "Sie waren Giganten ihrer Zeit", bemerkt ein aktueller Weltmeister, "und ihre Geschichten erinnern uns an den Geist des Wettbewerbs und der Innovation, der uns alle in der Formel 1 antreibt."

Ihre Rivalität dient als zeitlose Erinnerung an die dauerhaften Werte, die den Sport definieren - Werte, die seine Entwicklung in den kommenden Jahren weiter prägen werden. Während sich die Formel 1 weiterentwickelt, ist das Vermächtnis von Senna und Prost ein Beweis für den anhaltenden Einfluss ihrer Rivalität und den tiefgreifenden Einfluss, den sie auf den Sport und seine zukünftige Ausrichtung hatten.

Abschließende Gedanken

Die Geschichte von Ayrton Senna und Alain Prost ist mehr als nur die Geschichte zweier Formel-1-Fahrer – es ist eine Saga, die mit dem Wesen des Sports selbst verflochten ist. Es ist eine Erzählung, die über den bloßen Wettbewerb hinausgeht und in die Bereiche des menschlichen Ehrgeizes, der technologischen Innovation und des Strebens nach Exzellenz eintaucht.

Im Kern stellt ihre Rivalität einen Kampf der Titanen dar, bei dem sich zwei außergewöhnliche Individuen gegenseitig an die Grenzen ihrer Fähigkeiten bringen. Es ist eine Geschichte der Kontraste – Sennas rohes Talent und sein instinktiver Fahrstil stehen Prosts kalkulierter Präzision und strategischer Brillanz gegenüber. Zusammen verkörperten sie die Dualität der Formel 1: die Verbindung von Spitzentechnologie mit dem rohen, unnachgiebigen Geist menschlichen Strebens.

Aber jenseits der Strecke war ihre Rivalität auch ein Beweis für die Kraft des Sportsgeistes. Trotz ihrer erbitterten Kämpfe am Renntag gab es einen gegenseitigen Respekt, der ihre Beziehung untermauerte. Es war eine Kameradschaft, die aus gemeinsamer Leidenschaft und einem tiefen Verständnis dafür entstand, was es bedeutet, auf höchstem Niveau zu konkurrieren.

Ihre Geschichte dient als Inspiration für Generationen von Fahrern, die in ihre Fußstapfen treten. Wenn neue Anwärter ihren Platz in der Startaufstellung einnehmen, tragen sie das Vermächtnis von Senna und Prost mit sich – ihre unerschütterliche Entschlossenheit, ihr unermüdliches Streben nach Perfektion und ihr unerschütterliches Engagement für Spitzenleistungen.

In der schnelllebigen Welt der Formel 1, in der sich die Technologie mit halsbrecherischer Geschwindigkeit entwickelt und der Wettbewerb härter denn je ist, dient der Geist von Senna und Prost als Leitstern. Es erinnert uns an die Werte, die wahre Champions ausmachen: Widerstandsfähigkeit, Integrität und ein nie endender Durst nach Größe. Während die Formel 1 in die Zukunft rast, bleibt das Echo ihrer Rivalität allgegenwärtig - eine zeitlose Erinnerung daran, was es bedeutet, Rennen zu fahren, zu konkurrieren und letztendlich zu respektieren.

Über den Autor

Etienne Psaila, ein versierter Autor mit über zwei Jahrzehnten Erfahrung, beherrscht die Kunst, Wörter über verschiedene Genres hinweg zu weben. Sein Weg in die literarische Welt ist geprägt von einer Vielzahl von Publikationen, die nicht nur seine Vielseitigkeit, sondern auch sein tiefes Verständnis für verschiedene Themenlandschaften unter Beweis stellen. Es ist jedoch der Bereich der Automobilliteratur, in dem Etienne seine Leidenschaften wirklich verbindet und seine Begeisterung für Autos nahtlos mit seinen angeborenen Fähigkeiten zum Geschichtenerzählen verbindet.

Etienne hat sich auf Automobil- und Motorradbücher spezialisiert und erweckt die Welt der Automobile durch seine eloquente Prosa und eine Reihe atemberaubender, hochwertiger Farbfotografien zum Leben. Seine Werke sind eine Hommage an die Branche, indem sie ihre Entwicklung, den technologischen Fortschritt und die schiere Schönheit von Fahrzeugen auf informative und visuell fesselnde Weise einfangen.

Als stolzer Absolvent der Universität Malta bildet Etiennes akademischer Hintergrund eine solide Grundlage für seine akribische Forschung und sachliche Genauigkeit. Seine Ausbildung hat nicht nur sein Schreiben bereichert, sondern auch seine Karriere als engagierter Lehrer vorangetrieben. Im Klassenzimmer, genau wie beim Schreiben, strebt Etienne danach, zu inspirieren, zu informieren und eine Leidenschaft für das Lernen zu entfachen.

Als Lehrer nutzt Etienne seine Erfahrung im Schreiben, um sich zu engagieren und zu bilden, und bringt seinen Schülern das gleiche Maß an Engagement und Exzellenz entgegen wie seinen Lesern. Seine Doppelrolle als Pädagoge und Autor macht ihn einzigartig positioniert, um komplexe Konzepte mit Klarheit und Leichtigkeit zu verstehen und zu vermitteln, sei es im Klassenzimmer oder durch die Seiten seiner Bücher.

Mit seinen literarischen Werken prägt Etienne Psaila die Welt der Automobilliteratur bis heute unauslöschlich und fesselt Autoliebhaber und Leser gleichermaßen mit seinen aufschlussreichen Perspektiven und fesselnden Erzählungen. Er kann persönlich unter etipsaila@gmail.com kontaktiert werden

Milton Keynes UK
Ingram Content Group UK Ltd.
UKHW042007281024
450365UK00003B/256